Combien de catastrophes avant d'agir ?

Nicolas Hulot
et
le Comité de veille écologique

Combien de catastrophes avant d'agir ?

MANIFESTE POUR L'ENVIRONNEMENT
À L'ADRESSE DES FUTURS ÉLUS ET DE LEURS ÉLECTEURS

Éditions du Seuil
*27, rue Jacob, Paris VIe*

ISBN 2-02-053118-6

www.seuil.com

Le Comité de veille écologique de la Fondation Nicolas Hulot pour la Nature et l'Homme (FNH)*

Nicolas Hulot, président de la Fondation.

Robert Barbault, écologue, professeur à l'université Paris-VI.

Patrick Blanc, botaniste tropicaliste, chargé de recherche au CNRS.

Dominique Bourg, philosophe, professeur à l'université de technologie de Troyes.

Christian Buchet, expert maritime, professeur à l'Institut catholique de Paris, CNRS.

Nicole d'Almeida, professeur en sciences de l'information et de la communication à l'université Paris-IV.

Philippe Desbrosses, agriculteur, docteur en sciences de l'environnement.

Jean-Paul Deléage, historien des sciences, professeur à l'université d'Orléans.

Christian Dubois, ingénieur consultant projet, élu municipal.

* Voir note sur la Fondation Nicolas Hulot et ses objectifs, p. 189.

Pierre Giolitto, inspecteur général honoraire de l'Éducation nationale.

Olivier Godard, économiste, directeur de recherche au CNRS.

Catherine Grillot-Courvalin, docteur en médecine, chercheur en biologie.

François Guérold, hydrobiologiste, maître de conférences à l'université de Metz.

Jean-Marc Jancovici, ingénieur consultant.

Christian Huglo, avocat associé aux Barreaux de Paris et de Bruxelles.

Lylian Le Goff, docteur en médecine, membre de la mission « Biotechnologie » de France Nature Environnement.

Yvon Le Maho, écophysiologiste, directeur de recherche au CNRS, membre de l'Académie des sciences.

Thierry Libaert, enseignant en sciences de l'information et de la communication à l'Institut d'études politiques de Paris et à l'université Paris-IV (CELSA).

Marie-Antoinette Mélières, climatologue, maître de conférence à l'université J.-Fourier, Grenoble.

Jean-Pierre Raffin, écologue, maître de conférences à l'université Paris-VII.

Martine Remond-Gouilloud, professeur de droit maritime, environnement et risques à l'université de Marne-la-Vallée.

Jean-Louis Schlegel, éditeur.

Sommaire

Pourquoi ce Manifeste ?

L'idée de ce Manifeste est née d'une conviction simple : l'environnement n'a pas, dans la vie politique française, la place qu'il devrait avoir. Il ne l'a pas chez les responsables politiques, qui continuent de le traiter à la marge : l'existence, depuis trente ans, d'un ministère à part entière portant ce nom n'y change rien, ou si peu. L'environnement n'a pas non plus sa place dans la conscience des citoyens électeurs : ils ne se réveillent que lors de catastrophes écologiques, pour se rendormir peu après, quand l'alerte semble passée.

Leur insouciance conforte évidemment l'inaction des politiques. C'est pourquoi ce Manifeste s'adresse aux électeurs autant qu'aux postulants à l'élection et aux futurs élus, pour les interpeller fermement sur la place qu'ils accorderont – ou non – à une politique de l'environnement digne de ce nom et sur les orientations qu'ils comptent lui donner.

Rappeler que le souci de l'environnement est une question politique de plein droit et une responsabilité essentielle, aujourd'hui, pour les dirigeants politiques, du pouvoir exécutif comme du pouvoir législatif, fait partie du travail – j'allais dire : du cahier des charges – d'une fondation destinée à la préservation de la Terre, ainsi qu'à la qualité de vie de ses habitants. En revanche, la Fondation que j'ai créée et que je dirige n'a certainement pas vocation à s'engager dans la politique partisane, et elle n'appellera à voter pour aucun candidat. Qu'il soit donc clair que, en ce qui me concerne, je ne « roule » pour personne.

Quant au Comité de veille écologique de la Fondation, il est composé de personnalités et de scientifiques reconnus pour leur compétence en matière d'environnement et d'écologie : leurs engagements politiques publics, quand ils existent, se sont portés et se portent sur tous les partis démocratiques. Pour les élections qui viennent, ils soutiendront publiquement, s'ils le désirent, qui ils veulent. Du reste, malgré un accord de fond de tous les signataires du Manifeste, notamment sur l'idée que l'action et la réflexion politiques en matière d'environnement restent très insuffisantes, ils pourront, bien entendu, exprimer individuellement des nuances sur des points particuliers.

À vrai dire, en matière d'environnement, je crains davantage l'inflation de ce thème que son absence dans la campagne électorale en cours. En l'occurrence, je crains que beaucoup de candidats n'aient un discours sur mesure, « prêt à débiter » à qui veut l'entendre. Il faut donc rappeler à ceux qui étaient aux affaires durant les années précédentes ce qu'ils ont fait, ou plutôt ce qu'ils n'ont pas fait, et interroger avec quelque précision ceux qui aspirent aux responsabilités sur ce qu'ils comptent faire. En politique, les faux-fuyants sont nombreux, et les promesses légion. Comme le Manifeste le rappelle, c'est encore plus vrai dans la politique de l'environnement, qui doit prendre des décisions à moyen et à long terme sur des points cruciaux et pourtant peu visibles immédiatement, et où, souvent, les décideurs ne récoltent pas les fruits de leur action – un constat qui ne peut que déplaire aux politiciens pressés…

Pour leur porter la contradiction et les contraindre à sortir des propos purement rhétoriques, le Manifeste, qui, avant tout, appelle politiques et citoyens à donner à l'environnement sa véritable place dans la vie démocratique, est suivi de mises au point et de propositions sur des sujets particuliers : pollution des océans, menaces sur l'eau douce, transports, sécurité alimentaire, réchauffement climatique, rôle des loisirs pour l'environnement, droit de l'environnement, éducation à l'environnement, propositions pour une écologie industrielle…

Ces contributions et ces propositions ont été rédigées et signées par les personnalités et les scientifiques du Comité de veille écologique. La Fondation, qui mène le combat pour l'environnement comme un engagement prioritaire, ne prétend pas avoir une position unique sur les points en discussion, sur les solutions concrètes à donner ni sur les décisions précises à prendre. Elle désire encore moins obliger les membres du Comité de veille écologique, chargés de l'éclairer, à s'aligner sur une seule ligne de réflexion et d'engagement.

Ce qu'il faut faire dans le domaine de l'environnement ne relève pas des sciences exactes mais du débat démocratique. Ce débat est éclairé par les experts – d'où leur présence à la Fondation, que j'ai voulue personnellement et dont je les remercie –, mais il n'est pas clos par eux. Encore faut-il que ce débat ait lieu, et qu'il ait toute sa place dans l'espace public : ce n'est pas le cas aujourd'hui. Raison de plus pour tenter de l'y mettre, au moment des deux échéances électorales les plus importantes pour l'avenir des Français.

Qu'on ne dise pas que les événements terribles de septembre 2001 à New York ont changé la donne, qu'ils nous ont fait revenir au seul problème vraiment urgent au début de ce siècle, le terrorisme. Je ne saurais trouver la moindre excuse aux auteurs d'actions aussi inhumaines. Je constate seulement que la haine et le ressentiment contre « ceux qui ont les moyens », dont les États-Unis sont le symbole, n'iront certainement pas en reculant si l'écart non seulement entre les moyens pour vivre, mais entre la qualité de vie des riches et des pauvres continue de se creuser…

L'actualité de ce mois de septembre s'est, hélas ! elle-même chargée de nous rappeler les risques qui pèsent sur l'environnement et la menace permanente qu'ils signifient eux aussi pour notre temps et pour les temps qui viennent. La terrible explosion qui s'est produite à Toulouse, la semaine qui a suivi les événements de New York, nous a en effet placés devant cette autre dure réalité, quelles qu'en soient les causes, inconnues à l'heure où j'écris : les risques de catastrophes « naturelles » dues, de près ou de loin, à l'« industrie » humaine sont devenus une menace incomparable de ce temps.

La liste de ces catastrophes et de leurs victimes, pour les vingt dernières années, serait longue. Je ne veux pas être un prophète de malheur, mais je crains que dans le futur, si rien n'est fait, l'état de l'environnement, tel que nous l'avons façonné nous-mêmes, n'appelle d'autres graves désillusions. Il conviendrait de regarder enfin en face la situation de notre Terre, celle de la France et celle du monde, pour ne pas arriver toujours, et de plus en plus souvent, trop tard, après les catastrophes.

NICOLAS HULOT

I. Manifeste pour l'environnement

Politiques, qu'avez-vous fait, que faites-vous, que comptez-vous faire si vous êtes élus, en faveur de l'environnement mondial et français ?

Électeurs, que devons-nous exiger, pour la sauvegarde de l'environnement au sens le plus large, des hommes et des femmes qui se présentent à la présidentielle et aux législatives ?

Citoyens, usagers et consommateurs, quelles sont nos responsabilités civiques pour léguer aux générations qui viennent une Terre agréable à habiter ?

Une réponse claire à ces trois questions, au point où nous en sommes de l'état de la Terre et de l'environnement en France, est devenue essentielle au moment où nous sommes appelés à nous prononcer sur les choix politiques des années à venir. À aucune élection, jusqu'à présent, cette triple question ne s'est posée avec une telle ampleur, une telle nécessité et une telle urgence.

Durant les deux dernières décennies, l'importance du chômage et la montée de la violence dans la société ont fortement pesé sur les décisions et sur les orientations politiques : créer des emplois, garantir la sécurité dans les quartiers ont été les leitmotivs des dirigeants comme des citoyens. Loin de nous de mépriser ces demandes et ces objectifs. Néanmoins, ils ont trop longtemps occulté et ils occultent encore un risque majeur, qui dépasse de loin, par ses dimensions dans le temps et l'espace, la vie économique et sociale : c'est celui de la dégradation de notre environnement, de la raréfaction de ressources naturelles essentielles comme l'eau et l'air pur, de la diminution forte du nombre d'espèces vivantes (animaux et plantes), avec leurs conséquences de toutes sortes pour la qualité de la vie dès aujourd'hui et plus encore demain. Il est devenu impossible d'accepter que la préservation de l'environnement reste un objectif secondaire pour les responsables politiques et les citoyens qui les élisent : elle doit devenir une volonté politique centrale du mandat présidentiel et de la législature à venir, et un objectif civique de première importance pour chacun d'entre nous.

La prise de conscience de l'environnement a été et reste trop lente en France. Pourtant, durant la seconde moitié du XXe siècle, en France comme ailleurs, les signes d'une atteinte irréversible à notre environnement, les menaces qui pèsent sur l'eau, l'air, les sols, le climat, la diversité des espèces, l'alimentation humaine et le vivant lui-même, n'ont pas manqué. Ils se sont déjà traduits à la fois par des catastrophes de grande dimension pour les hommes, les autres organismes vivants et l'environnement, et une emprise diffuse sur l'ensemble des milieux naturels, avec une accélération dans les dernières décennies du XXe siècle qui a frappé les esprits. Au début du XXIe siècle, les causes de cette situation dangereuse pour la Terre et pour les hommes qui l'habitent non seulement ne sont pas traitées, mais elles s'aggravent et se multiplient.

Ces causes sont bien connues. Même si on peut discuter de la nature et de l'ampleur exactes de leurs effets directs, elles sont presque toujours créées par les hommes eux-mêmes, par la démesure industrielle, l'absence de précaution dans l'emploi de technologies nouvelles, les intérêts économiques privés et publics soucieux d'efficacité à court terme, le tout dans l'insouciance ou même avec la bénédiction des politiques, au mépris du bien commun et des conséquences pour les générations de demain. Il serait cependant injuste de rejeter tout sur « les autres » : notre responsabilité de consommateurs et de citoyens est loin d'être négligeable dans les évolutions en cours.

1. Une prise en compte politique nettement insuffisante

Les actes ne suivent pas

Depuis une dizaine d'années, l'« environnement » n'est pas un mot absent du discours et des préoccupations politiques. Il s'agit même d'un thème privilégié pour des envolées morales voire moralisatrices, pour réaffirmer les grands principes et les appels nobles à la conscience collective et à la responsabilité des citoyens. Mais c'est peu de dire que les actes ne suivent guère, ou trop peu, ou trop lentement, ou de manière sélective, inconstante et souvent incohérente : les mêmes qui disent blanc ici pour se faire élire font ou disent l'inverse là. Les responsables, politiques ou économiques, qui lancent ou qui relaient ces appels, se révèlent aussi fort pusillanimes quand ils sont confrontés aux décisions engageant une transformation des modes de développement et des manières de vivre, dès lors qu'elles sont susceptibles de déranger des intérêts économiques et des habitudes bien ancrées – intérêts et habitudes qui sont en général ceux des riches, mais qui peuvent aussi être ceux des pauvres. Soyons justes : les mêmes citoyens qui mettent dans leur bulletin de vote le souci d'une protection accrue de l'environnement seraient « embêtés » si les élus passaient aux actes.

Les exemples de ce manque de courage ou de cette inconstance sont légion. Par exemple, les parcs naturels et les espèces protégées sont tolérés et même favorisés tant qu'ils ne gênent pas la poursuite des activités économiques sur le reste du territoire. Quand il s'agit de protéger mieux la diversité de la vie (la « biodiversité ») et que des actions plus amples, affectant l'ensemble d'une région, doivent être envisagées (par exemple des « corridors » entre espaces protégés), des groupes d'intérêt puissants (chasseurs, agriculteurs, responsables de l'aménagement du territoire…) entrent en scène pour freiner ou réduire à néant ces projets, et les pouvoirs publics sont incapables de faire respecter la loi. Conséquence : la France est à la peine et se voit condamnée par la Cour de justice des communautés européennes (CJCE) et la Cour européenne des droits de l'homme pour les retards et la mauvaise volonté qu'elle met à appliquer des directives pourtant explicitement acceptées et même voulues par elle.

Un autre exemple frappant est celui de la question du climat de la planète. À la fin des années 80, la France a été prompte à prendre verbalement la tête de ce combat, qui lui permettait de dénoncer à peu de frais le mauvais comportement des Américains : ces derniers n'émettent-ils pas, par habitant, trois fois plus de gaz à effet de serre que les Français ? Mais, là encore, le fossé est béant entre les intentions vertueuses et les actes. Grâce à l'option électronucléaire prise après la crise pétrolière de 1974, la France fait en effet partie des pays les moins émetteurs de gaz à effet de serre (un « privilège » qu'elle partage, pour les mêmes raisons, avec la Suède et la Suisse), mais les autres pays, qui ne veulent plus de cette option, refusent de porter à son crédit cette initiative prise sans consulter personne et exigent d'elle un effort de même niveau que le leur. Après ces bonnes paroles, la France a donc fait marche arrière par rapport à des projets européens de taxation sur l'énergie et le carbone et, en interne, les gouvernements successifs depuis 1990 ont renoncé à créer une telle taxe, après que le Conseil constitutionnel a allégué l'inégalité de traitement devant l'impôt qu'elle instaurait entre émetteurs de carbone, ainsi qu'une atteinte injustifiée au nucléaire.

Au total, cela fait plus de dix ans que la France se veut en pointe dans la lutte contre l'évolution catastrophique du climat, alors qu'elle n'a rien entrepris de significatif. Aussi bien sur la fiscalité des carburants que sur la mise en place d'un cadre de permis d'émission transférables destiné à réguler les émissions du secteur industriel, elle est dépassée par les Britanniques. Les Français, eux, se contentent de la pastille verte…

Discours contradictoires

Ouvrir les yeux impose aussi de se défaire de discours contradictoires qui finissent par devenir mensongers, en particulier à propos des rapports entre intérêts économiques et environnement. Aujourd'hui, nous l'avons dit, l'environnement est loin d'être absent du discours des hommes politiques et des dirigeants économiques, de même que le développement durable. Certains discours euphoriques voudraient faire croire ou feignent de croire qu'une politique de défense de l'environnement sera spontanément favorable à la compétitivité des entreprises. Il n'y aurait donc pas de conflits à arbitrer ni de politiques difficiles à promouvoir. C'est évidemment faux : quelques entreprises-vitrines, à la fois en pointe pour la sauvegarde de l'environnement et économiquement compétitives ne prouvent rien, d'autant moins que c'est plus d'une fois l'inverse qui est vrai : parce qu'elles sont compétitives pour d'autres raisons – la qualité de leur management par exemple –, elles ont pu mettre en œuvre une politique active d'environnement. Dans le contexte actuel, celle-ci ne peut que renforcer leur image.

Une image qui peut aussi être trompeuse, car l'arrière-cour

industrielle n'est souvent guère reluisante. Ainsi, un grand constructeur automobile peut avec raison défendre son bilan favorable à l'environnement, mais à condition de ne rien dire des entreprises de sous-traitance – comme celles du traitement de surface des métaux, qui comptent parmi les sources de pollution chimique les plus notoires… Ou encore de taire le fait qu'elles sont les premières incitatrices pour la croissance du trafic routier, qui ne peut qu'augmenter les émissions de gaz à effet de serre. C'est seulement à une date très récente que certaines entreprises ont commencé à regarder en face ces questions.

L'effort environnemental des milieux industriels n'est pas, ou n'est plus, négligeable. Par contraste, dans certains secteurs, comme celui de la qualité de l'eau, les pollueurs sont tout autant les collectivités locales et les agriculteurs. Mais les images publicitaires ne peuvent pas gommer le fait que, globalement, le compte n'y est pas encore. Quant aux politiques, ils reprennent volontiers ces thèmes de l'harmonie entre croissance économique et environnement durable : cela leur facilite la tâche. Il vaudrait mieux « parler vrai » et reconnaître honnêtement les contradictions et les conflits qui existent à court terme entre l'activité économique et les objectifs de défense de l'environnement, en recherchant les solutions les moins chères pour la collectivité.

Il faut aussi avoir le courage de se montrer prudents face aux nouvelles technologies et ne pas les accepter comme un progrès au seul prétexte qu'elles sont nouvelles. Une analyse des conséquences de leur mise en place doit être un préalable : quels avantages escomptés et quels risques prévisibles (qu'il convient d'explorer) ? Cet examen contradictoire n'a pas toujours été mené (ce qui ne signifie pas qu'il aurait nécessairement conduit à un abandon) pour nombre de technologies qui ont pris une place importante dans nos sociétés : autrefois, l'électronucléaire et ses déchets, l'agriculture intensive *et* ses pesticides ; aujourd'hui, les cultures d'OGM (organismes génétiquement modifiés) et leurs effets potentiels sur les écosystèmes, la santé, etc.

Le refus devrait l'emporter aussi devant certaines infrastructures, qui renforcent les « mauvaises habitudes » : construire de nouvelles routes et autoroutes sans discernement renforcera la dépendance automobile et rendra plus difficiles les solutions du problème des transports. Dans l'incertitude des conséquences, qui peuvent être graves et irréversibles, le principe de précaution devrait s'appliquer, tout en gardant l'idée de proportionnalité des mesures à prendre, idée que le législateur français a placée au cœur de la définition dudit principe. Enfin, n'oublions pas que, en la matière, le citoyen est plus d'une fois inconséquent : les mêmes peuvent souhaiter ardemment une diminution de la circulation routière et réclamer une nouvelle rocade pour leur ville… mais surtout pas à leur voisinage immédiat.

La défausse politique

Les exemples d'inaction politique ne manquent pas. Une façon de couvrir les carences de l'action, qui sont réelles, consiste à en appeler en permanence aux autres acteurs : entreprises, élus locaux, consommateurs, citoyens, salariés, organisations non gouvernementales… sont invités à prendre leurs responsabilités et à multiplier généreusement les initiatives. La responsabilité proprement politique est alors évacuée sous le prétexte de la responsabilité morale des autres, qui, précisément, ne peut se concrétiser sans une politique cohérente et suivie.

Certes, aujourd'hui moins encore qu'hier, les politiques ne peuvent tout faire par eux-mêmes : leur action est même fortement limitée par les demandes, souvent contradictoires, au sein de la société civile, par les demandes fortes du monde de l'entreprise, par les contradictions des consommateurs que nous avons déjà évoquées. Dans ce contexte, un volontarisme excessif peut devenir politiquement suicidaire, et ce n'est pas non plus ce qu'on exige des responsables. De même, on peut comprendre que les dirigeants politiques refusent de donner suite à des demandes purement idéologiques, qui relèvent de l'inconscience, voire de l'escroquerie intellectuelle : on ne peut dans le même temps réduire fortement les émissions de gaz carbonique et envisager une sortie rapide du nucléaire. Une telle « performance » ne serait possible qu'au prix d'un effondrement économique... qui serait politiquement dangereux et aggraverait la situation de l'environnement.

Cela admis, une stratégie politique qui se contente de l'exhortation morale et d'encouragements verbaux en faveur de l'initiative chez les autres n'est qu'une défausse malhonnête. Alors que le tableau scientifique des problèmes planétaires est là : changement climatique, érosion de la biodiversité, dégradation des ressources en eaux et des sols cultivables, pollution intense des villes..., la seule réponse politique serait le renvoi des citoyens et des agents économiques à leurs propres initiatives en ordre dispersé ? Il n'y a aucun sens à exhorter ainsi consommateurs, citoyens et chefs d'entreprise à prendre, chacun dans son pré carré et selon l'inspiration du moment, des mesures pour sauvegarder l'environnement. Pour être efficace, l'action doit être décidée et coordonnée au niveau politique, et ne pas rester abandonnée aux initiatives séparées de chacun.

Comme le montrent les sondages depuis le début des années 80, les citoyens ne sont pas dupes du désintérêt des politiques pour les questions d'environnement. Quand on leur demande à qui ils font le plus confiance pour la défense de l'environnement, les Français mettent en tête les associations de protection et de défense de l'environnement (les chiffres des divers sondages vont de 34 à 58 %), tandis que les partis politiques viennent en dernier (de 2 à 5 %). L'action des pouvoirs publics est jugée sévèrement : entre 1982 et 1986, les opinions négatives passaient de 56 à 92 %, et, en 2001, l'État ne recueillait que 11 % d'opinions positives à propos de son action pour l'environnement...

Le manque de volonté politique favorise l'inaction

Dans le domaine de l'environnement davantage qu'ailleurs, tout le monde peut avoir intérêt à une amélioration de la situation tout en restant, chacun de son côté, les bras croisés. La pollution automobile en est un bon exemple. Chacun est persuadé qu'il serait bon de la diminuer, mais beaucoup raisonnent en comptant sur les autres d'abord : si eux laissent leur voiture à la maison, je pourrai prendre la mienne puisque ma pollution personnelle sera dans ce cas d'un apport négligeable. Mais s'ils prennent leur voiture, je pourrai également utiliser la mienne : une de plus ne changera rien au degré de pollution existant. Ce raisonnement, appelé « dilemme du prisonnier », est plus courant qu'on ne croit. On pourrait aussi bien l'appliquer, toujours pour les voitures, à l'adoption du pot catalytique ou à l'emploi de nouveaux carburants (essence sans plomb, gazole désulfuré). Il ne justifie pas d'emblée des interventions autoritaires de l'État qui enlèveraient toute liberté aux individus, mais il appelle une organisation collective de l'action, qui allierait des obligations à des libres choix, sans oublier le critère de l'efficacité – et d'abord de l'efficacité économique.

Car il ne faut pas se leurrer : l'efficacité économique des dispositifs mis en place conditionnera souvent l'acceptation sociale d'objectifs ambitieux dans le sens du « développement durable ». Les efforts demandés aux consommateurs individuels – et ceux qu'ils consentiront effectivement – ne sont certes pas inutiles, mais ils ne peuvent remplacer l'action collective, avec une politique publique de l'environnement qui intègre celui-ci dans l'univers économique.

Il faut cependant le reconnaître : l'action collective est rendue plus difficile parce que les dégradations dans le domaine de l'environnement et leurs répercussions dans la vie individuelle sont en général plus impalpables, plus progressives et plus indirectes que dans le cas du chômage ou de l'insécurité. Elles sont aussi plus difficiles à circonscrire, puisqu'elles concernent pratiquement l'ensemble de la vie et des activités humaines. Par voie de conséquence, les individus ont tendance à réagir seulement quand ils considèrent qu'ils sont directement atteints – dans leur santé, dans leur verre et leur assiette – ou sanctionnés – s'ils sont interdits de voiture, par exemple. Mais on ne peut pas dire, de ce point de vue, que les pouvoirs publics aient jusqu'à présent péché par excès d'information – sans compter les nombreuses cacophonies à la tête même de l'État ou entre ministres sur des questions d'environnement au sens précis ou plus large.

L'environnement reste un parent pauvre de la politique

Ces discordances sont dues pour une large part au déséquilibre politique qui frappe les questions d'environnement et d'écologie. L'action des secrétariats et des ministères de l'Environnement n'a certes pas été négligeable, et les ministres successifs pourraient présenter un bilan dont ils n'ont pas à rougir. La création même de ce ministère souligne la prégnance des questions d'environnement dans nos sociétés et, par-delà ses résultats, le rôle de « mouche du coche » qu'il joue est éminemment utile.

Cependant, un tel ministère a aussi des effets pervers indiscutables : alors que les questions d'environnement sont devenues totalement « transversales » (par exemple, les émissions de gaz à effet de serre concernent tous nos actes de la vie courante) et qu'elles devraient être intégrées dans l'ensemble des politiques publiques, c'est-à-dire concerner tous les ministères, elles sont concentrées et déléguées dans un seul. La conséquence inéluctable en est la relégation de fait des problèmes d'environnement dans le ministère du même nom et leur marginalisation, et, parallèlement, leur sous-estimation ou leur absence dans les autres, parfois même leur folklorisation aux yeux du public. Les mesures qui sont prises apparaissent isolées et dispersées, non intégrées dans une politique d'ensemble. Ou encore les arbitrages gouvernementaux ou les amendements parlementaires vident de leur substance des projets d'envergure du ministère de l'Environnement.

D'autres décisions sont détournées de leur sens initial – comme l'institution d'écotaxes réduites au financement des ressources manquantes dans le budget. Ce n'est pas que ces taxes doivent consister uniquement et de manière corporatiste en ressources réservées pour l'environnement – ce sont aussi des incitations en direction des consommateurs et des entreprises –, mais le manque de clarté dans l'explication favorise l'incompréhension (l'augmentation du prix du gazole, à aligner sur celui de l'essence, en est un bon exemple). Une fiscalité sélective est envisageable quand elle est cohérente et expliquée aux citoyens-consommateurs (par exemple, une partie des taxes sur l'essence serait clairement consacrée aux énergies renouvelables).

Par ailleurs, de nombreuses querelles de compétence, voire des conflits ouverts sont apparus entre le ministère de l'Environnement et les autres. On a dit que les plus grands ennemis du ministre de l'Environnement étaient les autres ministres. Souvent, il doit endosser seul le mauvais rôle en cas de mesures impopulaires ou d'échec. Il devient la cible privilégiée de tous les groupes d'intérêts corporatistes qui préfèrent le *statu quo* (et qui n'ont pas hésité, à plusieurs reprises, devant l'usage de la violence pour le maintenir). Ce risque est encore aggravé quand le ministre est issu des formations politiques écologistes : il est inévitablement accusé de représenter avant tout leurs options partisanes. La politique de l'environnement risque alors d'être instrumentralisée à des fins politiciennes, et donc de devenir illisible et même invisible.

L'expérience des dernières décennies, où l'absence de précaution et de vigilance a coûté particulièrement cher aux politiques, devrait pourtant les inciter à donner un rôle central aux questions d'environnement et d'écologie, au sens le plus large de ce mot. Au commencement du XXIe siècle, seuls les sourds et les aveugles volontaires peuvent encore prétendre que tout pourra continuer comme avant, persuadés qu'ils sont que tout ce qui a été détruit hier et continue de l'être aujourd'hui pourra être reconstruit demain : il suffira, croient-ils, d'y mettre les moyens scientifiques et financiers. Une telle « foi dans le progrès » est devenue irrationnelle, car cet optimisme est démenti par les faits. Les responsables politiques devraient avoir un rôle moteur dans la prise de conscience de ce changement d'échelle dans les problèmes d'environnement. Or, il faut bien le dire, on reste loin du compte.

2. Mettre les candidats face à leurs responsabilités

Il importe donc, avant les élections, de mettre les candidats face à leurs responsabilités et de les interroger sur leur programme environnemental. Plus loin, dans la seconde partie, le lecteur trouvera une information précise sur des problèmes spécifiques, particulièrement brûlants, de l'environnement aujourd'hui. Dans ce qui suit, l'insistance porte sur des objectifs politiques plus généraux, ou sur le cadre politique dans lequel il est nécessaire de replacer les questions d'environnement actuel.

1. Réformer la gestion politique de l'environnement

En premier lieu, conformément à ce qui vient d'être dit de l'action gouvernementale dans la dernière décennie, une réforme de la gestion gouvernementale de ces questions s'impose. Elles doivent cesser d'être marginales, périphériques, instrumentalisées à des fins partisanes. De façon structurelle, l'environnement doit devenir l'affaire de tous les ministères, et notamment du premier d'entre eux, c'est-à-dire bien avant les procédures de concertation et d'ajustements entre ministères concernés (et parfois violemment opposés) au moment des décisions. Il doit avoir sa consistance propre et son autonomie, qui interdisent de transférer ses moyens et ses ressources à d'autres objectifs que les siens.

Qu'ils décident ou non de maintenir un ministère de l'Environnement, le chef de l'État et le chef du Gouvernement doivent être personnellement impliqués dans la mise en œuvre d'une telle politique « transversale », en particulier au plan budgétaire, avec des objectifs clairement définis et une volonté affirmée de les réaliser, ainsi que le souci de faire percevoir leur importance pour les citoyens (ce qui suppose, soulignons-le, une culture de base en ces domaines). S'ils décident de maintenir le ministère de l'Environnement, ils doivent lui donner l'importance qu'il mérite aujourd'hui et cesser de le maintenir dans les marges de l'action gouvernementale.

2. Quelle place pour une politique de l'environnement ?

Dans cette perspective, il faut demander aux futurs responsables de l'exécutif et aux futurs législateurs une réponse claire sur la place qu'ils accorderont à une politique de l'environnement, comme question politique centrale exigeant une forte coordination politique et économique. L'absence d'une telle coordination renvoie nécessairement l'environnement aux oubliettes, avec des effets pervers visibles, notamment un saupoudrage de mesures locales et dispersées, ou l'inégalité des efforts demandés à certains acteurs parce qu'on autorise des exceptions ou des aménagements à d'autres, ou encore le peu de conviction et donc de constance pour appliquer des décisions prises. La taxe générale sur les activités polluantes (TGAP) a été ainsi vidée de tout sens économique par des manipulations diverses (notamment des « faveurs » pour en exempter des sites industriels), qui lui ont enlevé toute efficacité économique et toute portée pédagogique : elle a fini par devenir une mesure budgétaire parmi d'autres, avant que sa partie d'énergie soit purement et simplement abandonnée – en tout cas rayée du programme à réaliser avant les élections de 2002.

Il faut le dire et le redire : la crédibilité et la valeur d'une politique environnementale ne se mesurent pas seulement à l'intensité des exhortations ni à l'ambition proclamée des objectifs à long terme, c'est-à-dire à un moment où ceux qui les énoncent ne seront plus là pour rendre compte des résultats obtenus. Elles se mesurent au sérieux et à l'intelligence des dispositifs d'action collective mis en place et suivis avec constance par les autorités responsables. En effet, en matière d'environnement, beaucoup de problèmes sont à long terme et planétaires. Leur urgence n'est pas immédiatement sensible, moins encore pour la société civile que pour les politiques. La fuite en avant dans les promesses est d'autant plus tentante, et les possibilités d'esquive sont nombreuses. Du coup, la responsabilité politique digne de ce nom et attendue consisterait précisément à organiser sans faiblir l'action collective ici et maintenant, ainsi qu'à établir sans délai des courroies de transmission efficaces pour relayer informations, objectifs et contraintes auprès des nombreux acteurs concernés – politiques, économiques, culturels…

3. Quel développement durable ?

Il faut interroger les futurs élus sur leur volonté de mettre en œuvre le développement durable dans les grands secteurs où l'environnement est particulièrement menacé, sur la cohérence et la globalité qu'ils donneront à leurs objectifs, sur le rôle qu'ils accorderont au droit de l'environnement.

Une politique de développement durable serait une politique qui prendrait vigoureusement en compte l'avenir de l'homme et de son environnement, sans déboucher sur une impasse pour d'autres aspects indispensables à l'épanouissement humain. Elle répondrait à l'objection des pays du Tiers Monde et des populations pauvres en général contre les pays développés : avoir le souci de l'environnement, de la pollution, de la biodiversité… en faisant fi de la misère qui continue de frapper des millions de personnes, à l'échelle de la planète ou dans des poches de pauvreté toujours présentes dans les pays riches. Par ailleurs, il ne faut pas oublier que pollutions, risques sanitaires et pauvreté sont profondément liés. Le développement durable a le souci de l'environnement *et* du développement, il doit concilier, *dans l'espace,* la croissance économique et la préservation des écosystèmes de l'eau, du sol, de l'air…, et garantir, *dans le temps,* les besoins des générations actuelles et ceux des générations futures. Il suppose à la fois des choix en faveur de l'environnement et le débat démocratique qui les discute et les conteste.

Il ne s'agit pas là de la quadrature du cercle. Par exemple, une telle politique signifie qu'on continuera à réaliser des projets industriels, à implanter des usines, à construire des villes nouvelles, mais on n'ignorera jamais la dimension de l'environnement. Réciproquement, elle implique que le critère de l'environnement ne soit pas imposé « sauvagement », hors de tout souci d'efficacité économique, de toute approbation des populations concernées, sans tenir compte de la durée, des négociations et des compromis nécessaires ; dans les pays démocratiques, cette stratégie de force s'avère souvent contre-productive, en braquant les citoyens contre les écologistes et les protecteurs de l'environnement, ce qui favorise en fin de compte le *statu quo,* voire les régressions.

4. Une action démocratique ferme dans la durée

Compte tenu de la prise de conscience lente et inégale des problèmes d'environnement chez les individus, la ressource

« temps » est indispensable pour mettre en œuvre une politique efficace. Des opérations « coup de poing », ponctuelles et avant tout symboliques, peuvent certes avoir un intérêt, en frappant les esprits et en brisant avec des habitudes ou des privilèges, mais elles peuvent aussi devenir totalement contre-productives à moyen terme. Il paraît préférable de proposer et de réaliser des programmes d'action sur plusieurs années, susceptibles de rendre visibles et vérifiables par tous, et par étapes, les bénéfices tirés d'une attitude « écologique ». Des mesures progressives, mais fermes et assorties de sanctions, pour un effort suivi sur cinq, huit ou dix ans, pourraient s'avérer plus fécondes que des oukases ou qu'une politique du tout ou rien.

C'est particulièrement vrai pour une politique des transports urbains, qui implique une prise de conscience et une volonté des acteurs automobilistes pour changer des habitudes très ancrées et touchant directement la vie quotidienne. Ou encore, s'il importe de faire respecter la loi face aux comportements de certains chasseurs qui se moquent des directives européennes (et françaises), il se pourrait que des compromis négociés et contrôlés dans leurs suites soient parfois plus efficaces pour changer les comportements – et montrer qu'il est possible et utile de le faire – que des déploiements de police (en général impuissants) et des affrontements violents entre militants de camps opposés.

Il est certes illusoire de penser que tous les acteurs pourront toujours s'épargner des contraintes financières (comme l'augmentation du prix de l'eau, ou des aliments, ou des énergies) et des restrictions de leur liberté (de circuler, par exemple) ou de leurs loisirs favoris (la chasse, entre autres), s'ils veulent boire mieux, manger mieux, être moins atteints par les diverses pollutions qui dégradent l'environnement aujourd'hui, protéger la diversité des espèces ; tout simplement : vivre mieux. D'un point de vue tactique, il faut cependant bien voir que, si une politique de l'environnement recourt à des moyens coûteux pour atteindre ses objectifs, le public sera plus réticent pour continuer ultérieurement dans cette voie. Il faut donc prévoir autant que faire se peut des instruments et des incitations qui répondent en même temps au critère d'efficacité économique.

À cet égard, modifier les comportements à moyen terme suppose, à côté d'autres actions (information, labels, investissements publics, réglementation), qu'on mobilise des instruments économiques reposant sur des mécanismes de prix. Il peut s'agir de la fiscalité, à travers des taxes et des redevances, ou de systèmes de limites ou quotas d'émissions polluantes transférables, comme celui que propose la Commission européenne pour contrôler les gaz à effet de serre à partir de 2005. Il s'agit là, au fond, de signaux adressés aux consommateurs pour qu'ils réorientent leurs conduites. Les atteintes à l'environnement ont, faute de prévention préalable, un coût économique considérable : pour une politique publique, ces instruments sont précisément un moyen de faire entrer ce coût, souvent invisible ou insensible pour ceux qui en sont responsables, dans l'univers économique des prix et des quantités. Les acteurs gardent ainsi la liberté du choix des moyens et de l'intensité de leur effort, mais l'objectif est collectif et les coûts sont minimisés pour la collectivité.

5. Appliquer le principe de précaution

Le principe de précaution doit être systématiquement appliqué chaque fois que la situation l'exige et quoi qu'il en coûte politiquement, et non pas à géométrie variable et par opportunisme. Encore importe-t-il d'en avoir une notion claire, car aujourd'hui ce principe, souvent confondu avec la simple prévention ou avec la vigilance, est invoqué à tort et à travers par les politiques, tant qu'il n'est guère coûteux ou impopulaire.

Rappelons brièvement que l'idée essentielle de ce principe

est d'obliger à prendre en compte des risques potentiels sans attendre d'avoir des certitudes scientifiques sur l'existence et sur l'ampleur du danger. Il concerne des menaces graves, qualifiées d'irréversibles, en particulier dans le domaine de l'environnement, mais aussi dans ceux de la sécurité alimentaire et de la santé publique. C'est donc un principe d'action, alors même que l'incertitude demeure. Toute une gamme de mesures est alors envisageable, de la veille scientifique à l'interdiction d'un produit ou d'une technique, en passant par des incitations à limiter le risque. En revanche, lorsque le risque est connu, c'est la prévention qui doit s'appliquer.

En raison de leurs coûts sociaux et économiques, et des restrictions aux libertés qu'elles peuvent entraîner, les actions de précaution ne sauraient être décidées de façon inconsidérée et à tout bout de champ. Dans certains cas, le principe de précaution s'impose clairement, et le courage politique doit suivre pour décider et faire appliquer sans délai et sans faille les mesures nécessaires. Dans d'autres, comme actuellement pour l'effet de serre, il s'impose aussi, mais des consultations et de larges débats publics devraient s'instaurer sur les décisions à prendre, dans la mesure où elles ont des conséquences directes sur la vie quotidienne des citoyens et ne seraient vraiment efficaces qu'avec leur assentiment.

6. Un effort d'information globale

Comment l'électeur-consommateur peut-il avoir connaissance de ses responsabilités dans les dégradations de l'environnement ? C'est un point essentiel. D'une manière générale, la France est en deçà de l'effort d'information et de prise de conscience qu'on pourrait attendre d'un grand pays démocratique. De l'information, on peut dire qu'elle est à l'image de la réalité gouvernementale aujourd'hui : éclatée et aléatoire, médiocrement aidée par la volonté politique.

Dans les programmes scolaires, l'effort reste faible et ponctuel, de seconde zone, non replacé dans une perspective globale qui montrerait que l'environnement, c'est la vie même, celle des individus et des groupes humains, de leur cadre, leur mode, leur qualité de vie aujourd'hui et demain, et ce à l'échelle de la planète entière. En général, dans nos sociétés dominées par la vie citadine et par les exploits technologiques, les liens et les interactions entre la nature et la vie (ou la qualité de la vie) ne sont plus perçus. Un enfant des villes qui n'a jamais eu de contact direct avec la campagne pourrait croire que le « poisson carré avec les yeux dans les coins » (Coluche) existe réellement ! Il faut donc exiger à la fois une place plus conséquente pour l'enseignement de l'environnement et une approche beaucoup plus englobante, qui montreraient comment la vie dans son ensemble se déploie dans des écosystèmes où tous les « règnes » – animal, végétal et même minéral – sont liés et interdépendants.

Il importerait aussi de rappeler non seulement à quel point nous restons reliés à la nature, mais aussi – chose complètement perdue de vue – combien nous sommes dépendants des « services » écologiques qu'elle rend et des biens « gratuits » qu'elle offre à tout moment : air respirable, climat propice à l'épanouissement de la vie, nourriture animale et végétale (avec un réservoir d'espèces considérable si la biodiversité est bien maintenue), eaux douces épurées naturellement, ressources médicinales (avec un grand nombre de principes actifs inexplorés), ressources énergétiques en bois et autres produits végétaux, pollinisation naturelle des plantes par des espèces animales sauvages (un tiers de la nourriture humaine provient de plantes pollinisées par cette voie), protection des cultures contre les ravageurs de plantes grâce à des « ennemis » naturels... Bref, le grand livre des biens et services écologiques reste largement à feuilleter !

Plus que des exhortations morales, une telle connaissance inciterait à plus de respect du vivant en toutes ses dimensions. Actuellement, notre attitude consiste à remplacer ces services, une fois qu'ils sont détruits ou fortement dégradés, en mobilisant nos capacités techniques. Celles-ci sont certes considérables, mais on ne songe guère à leur coût économique et social, qui peut être tout aussi énorme.

7. Une politique de recherche et de formation plus équilibrée

Dans le discours politique sur la recherche scientifique et technologique, les déclarations en faveur de l'environnement ne manquent plus. C'est même, depuis 1995, une des priorités du ministère de la Recherche, en collaboration avec d'autres ministères, notamment celui de l'Environnement. Dans les plans stratégiques des organismes de recherche et des universités, le mot « écologie » fleurit comme jamais auparavant. Des actes ont suivi : mise en place d'un Comité de coordination des sciences de la planète et de l'environnement, lancement d'actions coordonnées incitatives telles que « Écologie quantitative », « Eau et environnement », « Risques environnementaux des OGM », « Environnement et santé ». C'est cependant modeste et insuffisant, compte tenu de l'état de « sous-développement » de départ : il faudrait un effort bien plus important en matière d'équipements scientifiques pour les études d'écologie à long terme, les allocations de thèses, les recrutements de chercheurs, d'ingénieurs et de techniciens.

De fait, en France, la recherche et l'enseignement écologiques universitaires ne sont pas au niveau où ils devraient être. Les décideurs ne marquent guère d'intérêt pour ce secteur qui dérange. Il importerait pourtant de repenser les priorités et les grands objectifs, et de réduire à l'inverse des pratiques qui bénéficient de l'appui de lobbies scientifiques et industriels puissants. Changer des équilibres qui datent… d'un demi-siècle, quand un gros effort a été réalisé en faveur de la biologie moléculaire, demanderait beaucoup de courage politique. Car dans les disciplines écologiques, les moyens financiers et humains manquent, au profit d'autres disciplines supposées plus « nobles », plus « urgentes », plus « rentables » dans le court terme. Mais dans ces conditions, comment relever les défis de l'environnement ? Est-il normal qu'en l'absence d'étude scientifique disponible sur l'état de la faune, un tribunal avance, faute de mieux, les témoignages et la documentation des chasseurs pour rendre son jugement ?

Les chercheurs dans le secteur de l'écologie restent des parents pauvres. Pourtant, l'érosion de la biodiversité, par exemple, est patente. Alors qu'il faudrait évaluer son rôle dans les écosystèmes et examiner les mesures d'urgence nécessaires pour arrêter cette évolution dès maintenant dangereuse, le manque de chercheurs dans ce domaine est criant. La recherche sur les énergies alternatives reste de même très faible.

Ajoutons que la recherche publique sur ces questions, celle qui n'est pas liée à des intérêts financiers et ne dépend pas de crédits privés, n'est pas assez soutenue à l'heure actuelle. Sa présence, dans l'expertise de questions litigieuses, est pourtant garante d'autonomie et de liberté, car nous parlons d'un domaine où les pressions industrielles (financières), politiques, idéologiques sont extrêmement fortes et ne feront que s'intensifier. Les divergences entre scientifiques sont non seulement acceptables, mais nécessaires et utiles : elles ne le sont plus du tout quand elles ne reflètent plus des critères scientifiques, mais des logiques de financements et d'intérêts occultes.

3. Quelle action citoyenne ?

Pour un civisme écologique et une consommation responsable

Nous avons plaidé ci-dessus pour une coordination politique de l'action en faveur de l'environnement, en rappelant que cette action doit être voulue et acceptée dans ses conséquences par les citoyens. À propos de l'exemple du « dilemme du prisonnier », nous avons en effet souligné que le seul appel à la conscience de chacun pour prendre les décisions qui s'imposent risquait de se terminer par une action nulle, ou très déséquilibrée, en fonction de ce qu'il imagine que feront les autres, chacun escomptant pour sa part que l'autre prendra l'initiative d'agir ou non, chacun supputant que son propre engagement ou non sera négligeable et n'ajoutera rien à l'action ou à l'inaction de la majorité. La décision politique, qui fixe un cadre pour tout le monde, de telle façon que chacun prenne sa juste part dans les responsabilités, est donc nécessaire.

En aucun cas, cependant, elle ne saurait se passer de la volonté, de l'action et de l'initiative de chaque citoyen individuel, d'autant moins que, par l'effet du nombre, les comportements individuels jouent un rôle essentiel dans la dégradation de l'environnement sans que l'on en soit toujours conscient :

ainsi, en été, la pollution annuelle des rivages français par les « plagistes », donc par l'activité humaine, est considérable. Plus généralement, les activités de loisir et de tourisme, qui se sont fortement accrues et individualisées dans les pays riches, ont de nombreuses conséquences directes et indirectes, souvent ignorées de leurs auteurs, sur l'environnement. Si donc, en sens inverse, un « civisme écologique » commençait à faire massivement son chemin dans les esprits et les actes, non seulement en été sur les plages et en hiver sur la neige, mais dans la vie quotidienne des individus, le gain serait considérable. Ce que nous mangeons, le moyen de transport que nous utilisons, la façon dont nous nous chauffons..., voilà autant de pressions sur l'environnement. Le savoir et le prendre en compte signifient plus de respect d'autrui, plus de santé pour tous, une nature plus belle.

Aucune action écologique individuelle, par exemple pour appliquer les diverses réglementations écologiques décidées par les autorités nationales ou locales (mesures antigaspillage, restrictions de vitesse, tri des déchets, etc.), n'est donc dérisoire ou sans intérêt. De même, toute initiative d'association, de formation et d'information environnementales et écologiques émanant de la société civile devrait être encouragée et bénéficier si nécessaire de l'aide publique.

Ces initiatives existent : les « conférences de citoyens » sont ces consultations et ces assemblées où des citoyens ordinaires sont amenés à se pencher sur des dossiers difficiles et à faire des recommandations précises pour faire accepter un engagement collectif dans tel ou tel domaine (une évolution technologique, un programme d'infrastructures...). Il est regrettable qu'elles soient si peu nombreuses. Encore faudrait-il que leurs recommandations soient prises en compte par les pouvoirs publics, ce qui n'a guère été le cas jusqu'à présent.

Toutes les actions individuelles et toutes les microréalisations ne doivent pas seulement être appréciées en fonction de leurs résultats quantitatifs ou « matériels » pour la sauvegarde de l'environnement, mais dans une perspective plus large d'éducation et de formation des mentalités. Au-delà de l'éducation, il faudrait même parler d'une « éthique de l'environnement », qui intérioriserait de nouveaux comportements, voire de nouveaux interdits, bref, de nouvelles références.

Si, comme nous l'avons dit, les politiques du développement durable doivent être atteintes au meilleur coût (l'effort doit porter en priorité sur les nuisances les plus importantes et les plus faciles à diminuer de manière significative), elles ne s'inscrivent pas pour autant dans des décisions purement technocratiques, indifférentes aux aspirations de la société civile, qu'il s'agisse de ses souhaits ou de ses réticences. Il faut donc à la fois écouter les citoyens et favoriser une information de qualité, qui ne cache pas les arbitrages, mais au contraire les rend manifestes. Il serait ainsi mensonger de laisser croire aux citoyens qu'ils pourront se mettre sur la voie d'un développement durable sans efforts personnels ou à coût individuel zéro. Par exemple, en l'état actuel des choses (on peut imaginer qu'elles changent sous la pression des consommateurs, précisément), les gens désireux d'aliments de meilleure qualité ne peuvent pas espérer en même temps les obtenir à un prix moindre ou même inchangé, car ils proviendront forcément d'une production qui aura diminué, c'est-à-dire qui aura éliminé les engrais chimiques et les pesticides mais pour une productivité moindre, donc des produits plus chers pour le consommateur. Dans cette perspective, les produits biologiques, qui ont heureusement le vent en poupe bien que plus coûteux, ne peuvent qu'être encouragés. Mais au-delà du biologique, il faut viser une orientation générale en faveur d'aliments cultivés ou produits sainement, avec des qualités gustatives et nutritionnelles bien meilleures qu'à l'heure actuelle.

D'une manière générale, le consommateur et le citoyen – et aussi bien les responsables politiques – se trouvent devant des incompatibilités, et il importe qu'ils en soient conscients. Par exemple, l'augmentation du trafic routier va directement à l'encontre de la volonté de voir baisser le nombre d'accidents ou la pollution. Or, construire sans cesse de nouvelles infrastructures routières est incompatible avec le désir de limiter ce trafic... Consommer beaucoup de viande signifie qu'il sera impossible de limiter sérieusement les nuisances d'origine agricole. Penser que tout un chacun doit avoir le droit de bâtir une maison au bord de la mer contredit la volonté de préserver ce qui reste du littoral français.

Citoyens électeurs

Aucun acte de « civisme écologique » individuel n'est à dédaigner. C'est même la condition indispensable pour qu'une politique de l'environnement prenne corps et soit applicable. Cependant, un levier essentiel pour faire avancer les questions et obtenir des résultats demeure l'action proprement politique, avec les débats qu'elle suscite et les pressions sur les décideurs qu'elle rend possibles. Dans cette perspective, le levier citoyen par excellence demeure le choix démocratique au moment des élections. Plus que jamais, au-delà ou en deçà des choix partisans, celles-ci devront intégrer la composante de l'environnement, une question de société fondamentale qui exige aujourd'hui des orientations claires et des décisions fermes. Il faudrait même ajouter : pour la première fois, tous les candidats, et pas seulement les candidats écologistes déclarés, doivent répondre de leurs intentions et de leur volonté dans ce domaine.

La date de ces élections n'est peut-être pas indifférente. Au début du XXIe siècle, il est important d'imprimer au cours du monde une autre direction que celle qui a prévalu au XXe siècle. Il est nécessaire de « changer d'ère », de prendre conscience qu'un autre type de « progrès » doit voir le jour. Si rien ne change, ce ne sera pas la fin de la Terre qui nous attend, mais, selon toute probabilité, une qualité de vie fortement dégradée pour tous, autrement dit une vie terrestre « pourrie » : santé pourrie par des maladies infectieuses émergentes et la recrudescence de maladies classiques comme les cancers, les allergies… ; climat pourri par des « désordres » de toutes sortes ; aliments, rues des villes et sols des campagnes, eaux douces et bords de mer, air que nous respirons…, pourris par les innombrables pollutions d'origine humaine ; ressources naturelles dégradées du fait de leur surexploitation et de la transformation des milieux dont elles dépendent ; nature défigurée et salie, appauvrie de milliers d'espèces de plantes et d'animaux…

On s'interroge souvent sur les facteurs de guerre entre peuples, nations ou continents au XXIe siècle : on oublie, ce faisant, le risque plus sournois, mais non moins catastrophique, d'une vie pourrie sur une Terre mutilée : elle entraînera – elle entraîne déjà – inévitablement des risques d'explosions guerrières en raison des inégalités non plus seulement dans la quantité des richesses, mais dans la qualité de vie qui est permise à chacun dans les différentes régions du monde… La « guerre pour l'eau » n'est plus seulement le titre d'un livre de science-fiction. On peut présumer qu'au temps de la mondialisation les humains des pays déshérités accepteront de moins en moins d'être laissés pour compte sur ce point aussi. Voulons-nous vraiment cela ?

D'autres choix politiques, d'autres directions économiques et sociales, d'autres comportements des individus sont possibles, ou alors c'est vraiment à désespérer de l'avenir, c'est-à-dire de l'avenir des générations futures, et donc, en fin de compte, de l'Homme. Ce Manifeste n'a pas d'autre but que d'éclairer ces choix, ces orientations et ces comportements, et de formuler ce que nous devons exiger des candidats au gouvernement de la France durant les cinq années qui sont devant nous.

Ont signé ce texte, avec Nicolas Hulot :

Robert Barbault, Patrick Blanc, Dominique Bourg, Christian Buchet, Nicole d'Almeida, Philippe Desbrosses, Jean-Paul Deléage, Christian Dubois, Pierre Giolitto, Olivier Godard, Catherine Grillot-Courvalin, François Guérold, Jean-Marc Jancovici, Christian Huglo, Lylian Le Goff, Yvon Le Maho, Thierry Libaert, Marie-Antoinette Mélières, Jean-Pierre Raffin, Martine Remond-Gouilloud, Jean-Louis Schlegel.

II. Urgences

1. La pollution des océans

Ce qu'il faut savoir

Le naufrage de l'*Erika* a été ressenti à juste titre comme une catastrophe par les riverains des pans de mer et de côtes où ses 12 000 tonnes d'hydrocarbures se sont répandues. Mais il faut savoir que l'ensemble des océans représente 72 % de la surface de la planète, et que, à cette échelle, l'*Erika* n'était qu'une goutte de fioul dans la « mer poubelle ».

• En effet, chaque année, ce sont 6 millions de tonnes de produits pétroliers divers qui polluent les mers du monde : 2,5 % seulement de ces produits proviennent de la pollution accidentelle, c'est-à-dire des 115 à 120 gros navires qui font naufrage annuellement. Les dégazages (ou déballastages) en mer sont huit à dix fois supérieurs aux nuisances provoquées par les naufrages. Au large des seules côtes françaises, plus de 300 pollutions de ce type ont été repérées en 1999 (encore faut-il ajouter à ce chiffre les dégazages passés inaperçus) : deux tiers l'ont été en Méditerranée, une mer particulièrement vulnérable puisqu'elle est fermée.

• Les produits pétroliers ne sont pas seuls en cause : une large gamme de détergents, de produits chimiques et d'huiles diverses contribue à la pollution maritime dans une quasi-impunité. En effet, moins de 9 % des infractions constatées sur les côtes françaises ont fait l'objet de poursuites. Quelques rares condamnations d'importance ont été prononcées en vertu de la loi du 5 juillet 1983 : nul ne sait si elles ont été réellement purgées...

Les pollutions d'origine terrestre

Or, les deux tiers de la pollution maritime proviennent de la terre et ils empruntent la voie atmosphérique pour véhiculer des substances particulièrement nocives (mercure, plomb...), et la voie fluviale – fleuves, rivières, estuaires – pour les rejets agricoles (nitrates...) et industriels (cadmium, chrome, plomb...), ainsi que ceux des particuliers (médicaments, huiles de vidange...). Or, les mers, qui ne sont pas un espace infini, n'ont pas vocation à devenir la poubelle de la Terre. Dès à présent, les conséquences de la pollution maritime sont considérables à tous les niveaux.

• Les pays européens ont défini les critères à partir desquels la concentration de substances toxiques devient préoccupante, voire nettement dangereuse. Or, ces critères sont aujourd'hui dépassés pour de nombreux produits consommés dans les pays qui bordent l'Atlantique du Nord-Est. Les métaux lourds qui peuvent s'accumuler dans les crustacés et les mollusques ainsi que chez les poissons prédateurs sont susceptibles de se transmettre à l'homme. De leur côté, les substances organiques (biphénils polychlorés ou PCB, dioxines, pesticides, produits pharmaceutiques et chimiques...) menacent le processus de reproduction, même à de très faibles teneurs ambiantes. Les hydrocarbures aromatiques polycycliques (HAP) sont à l'origine de phases précancéreuses du foie chez le poisson plat de la mer du Nord. Les cétacés morts, à commencer par les dauphins, retrouvés périodiquement sur les plages, périssent probablement en raison de la perte de leurs défenses immunitaires, une perte elle-même due à l'action de substances toxiques apportées par les égouts et les fleuves.

• Les proliférations d'algues sont bien connues aujourd'hui du public, qu'il s'agisse du phénomène des eaux colorées, en général rougeâtres, dû à un microplancton, ou des tristement célèbres « marées vertes » – des formations de grosses algues qui envahissent les plages et y pourrissent dans une odeur nauséabonde. Outre la gêne apportée aux hommes, vacanciers et autres, il en résulte le phénomène de l'« eutrophisation », qui naît de l'absence d'oxygène dans les zones touchées par la prolifération des algues : dans les eaux côtières, on assiste alors à une véritable asphyxie du milieu marin, qui est à l'origine de la disparition de poissons et d'invertébrés.

Les menaces dues aux activités humaines

Au-delà de la pollution au sens strict, les activités humaines menacent la faune et la flore marines, et à travers elles l'avenir des hommes. La mer n'est pas une oasis sans fin : la vie est concentrée avant tout dans les zones littorales, c'est-à-dire en mer peu profonde. Les estuaires, en particulier, sont de véritables « pouponnières de la mer » : dans ces espaces restreints naissent et se développent près de 80 % des espèces marines. Or, ce sont les zones les plus touchées par les interventions humaines de toutes sortes.

• Pour les besoins de la construction, 4 millions de tonnes de sable et de gravier sont prélevés chaque année le long de la côte atlantique de la France. On ignore encore tous les effets à court et à long terme de cette exploitation massive, en particulier du sable coquillier et du maërl (bancs de moules et d'algues, « lithotamnies »). Prélevés surtout le long des côtes bretonnes, ils sont importants pour des écosystèmes fragiles. Ainsi, les zones de frai de certains poissons, comme les harengs, qui pondent directement leurs œufs sur le gravier, peuvent être détruites. Mais ces opérations d'extraction risquent aussi de rendre plus instables les hauts bancs et d'accentuer l'érosion côtière.

• Les dégradations directes du littoral, dues pour une part à l'explosion du tourisme, sont plus préoccupantes encore. Les « poumons » de la biodiversité, concentrée dans cette zone, sont directement touchés par les pelleteuses et les constructions en tous genres : partout régressent dangereusement les marais littoraux, les herbiers d'algues et de posidonies, les bouchons vaseux des estuaires, les forêts de mangroves, les récifs de coraux. La moitié des mangroviers et des marais littoraux ont disparu en moins d'un siècle, et 70 % des coraux sont aujourd'hui menacés. Or, l'explosion démographique aidant, on estime qu'en 2020 près de 80 % des habitants de la planète vivront sur une bande côtière de 60 kilomètres, représentant seulement 15 % de la surface de la Terre.

• Partout dans le monde, le lot des nuisances directes causées à l'environnement maritime par les particuliers est devenu très élevé. Abandonnés par millions sur les plages le long des côtes, les récipients de boissons, les sacs et autres objets jetables sont pour la plupart faits de matières plastiques non dégradables. Les fonds marins jonchés de détritus reflètent ainsi fidèlement les stades de la société de consommation. Ces objets provoquent la mort d'oiseaux, de tortues, de cétacés, qui les confondent avec de la nourriture.

La pêche prédatrice

Plus encore que ce qui précède, une activité humaine risque, si elle continue d'être pratiquée avec excès et si les politiques n'agissent pas avec courage et détermination, de provoquer une des menaces les plus sérieuses qui soient pour l'avenir de l'espèce humaine : il s'agit de la pêche.

• À l'heure actuelle, les stocks de poissons sont exploités au-delà de leurs limites sûres. Dans certaines zones maritimes bordant l'Europe, sur 60 stocks d'espèces commerciales, 40 sont pêchés dans des conditions qui mettent en péril leur avenir. Comme la surpêche, avec les filets dérivants, épuise les stocks traditionnels, on s'est mis à capturer d'autres espèces, en particulier des poissons d'eaux profondes, très vulnérables en raison de leur faible taux de renouvellement. Selon certains indices, le chalutage en eaux profondes a pris une ampleur telle que la survie des espèces qui y vivent est déjà menacée. Malgré un effort de pêche qui n'a cessé de croître, le tonnage pêché à l'échelle mondiale stagne depuis dix ans autour de 90 à 100 millions de tonnes par an.

• La réglementation existante exige, pour de nombreuses espèces, une taille minimale en deçà de laquelle le poisson doit être rejeté. Mais il faut savoir que, très souvent, ce dernier ne survit pas, et qu'il ne deviendra donc jamais adulte. Si près de la moitié de la capture est en général rejetée, cela signifie que ces poissons, d'une taille plus petite, représentent un nombre d'individus supérieur au poisson débarqué, et que le gaspillage (car c'en est un) est donc considérable. La surpêche, avec des méthodes de pêches industrielles de plus en plus sophistiquées, contribue en outre à une diminution générale de la taille des espèces. La menace sur les stocks pourrait devenir telle qu'elle mettrait en danger l'avenir de la profession de marin pêcheur.

• Si la pêche à pied est moins dévastatrice, elle contribue cependant à raréfier les organismes microscopiques ou de petite taille. De même, la chasse sous-marine amenuise de nombreuses espèces de poissons de roches sédentaires ; la course aux beaux coquillages ou au corail rapportés en guise de souvenirs aboutit à un pillage en règle ; les ancres des bâtiments de plaisance et leurs chaînes labourent les champs de coraux et les riches herbiers constitués par les posidonies.

• Toutes ces méthodes ont des conséquences négatives aujourd'hui parce qu'elles sont pratiquées de façon massive et irresponsable, par des individus en très grand nombre et avec des moyens de plus en plus efficaces. Si rien n'est fait, les problèmes d'environnement maritime risquent de prendre une ampleur démesurée et, à terme, ingérable. En effet, nous serons probablement plus de 8 milliards d'êtres humains en 2020, avec une concentration de plus en plus marquée des populations sur les façades littorales ; dans le même temps, il faut s'attendre à un accroissement des transports maritimes et des activités de pêche, qu'elles soient hauturières ou de cabotage. La pollution des mers, évoquée ci-dessus, ne peut que s'accroître dans le même mouvement.

Ce qui pourrait être fait

Il importe d'agir aujourd'hui pour éviter d'avoir à faire face demain à des problèmes d'environnement maritime sinon insolubles, du moins infiniment plus difficiles à résoudre. La pollution de la mer ne sera contenue que si les politiques font preuve de détermination dans ses trois grandes causes : le transport maritime, les dégazages et les rejets émanant de la terre. D'autre part, pour les citoyens-consommateurs, infiniment plus de transparence et d'information seraient nécessaires pour sensibiliser chacun à ses responsabilités, transformer les comportements, faire pression sur les politiques ou les accompagner dans un processus de développement durable.

Le transport maritime

Les décisions prises par l'Union européenne sous présidence française, après les naufrages de l'*Erika* et de l'*Ievoli Sun,* sont importantes mais insuffisantes. Il importe de prendre et de mettre en œuvre dans les meilleurs délais des mesures plus conséquentes.

• Les États, et plus encore l'Union européenne, doivent détenir un pouvoir de contrôle sur les sociétés de classification des navires, en précisant les critères, les méthodes et les objectifs des mesures de contrôle.

• Pour appliquer le principe « pollueur-payeur », il importe de préciser les responsabilités en cas de catastrophe : celles de l'armateur, de l'affréteur, des sociétés de classification, mais aussi, à l'avenir, celle de l'État du pavillon concerné – libre à lui de se retourner contre les compagnies.

• Les contrôles dans les ports doivent être améliorés, là encore en précisant les critères et les méthodes. Actuellement, ils laissent à désirer : bien moins de 25 % des bateaux, contrairement aux engagements français, sont inspectés. Les conditions sociales à bord devraient faire partie du contrôle : cela éviterait les « navires poubelles ». Les bateaux qui ne satisfont pas au contrôle devraient pouvoir être placés sous séquestre.

• Les bâtiments – pétroliers notamment et navires transportant des substances dangereuses – doivent être rendus plus sûrs, d'autant plus que leur vitesse de croisière va s'accroître. Toute une série de mesures techniques devraient être prises pour améliorer la conception, la construction et la maintenance de ces navires, leur identification automatique, leurs appareils de propulsion, de commande, de manœuvre…

• Cependant, il faut le rappeler : 80 % des naufrages proviennent d'erreurs humaines (21 % sont dus à l'équipage, 12 % au pilote, 3 % à l'officier des machines, 43 % à l'officier de quart). Or, suite aux divers naufrages, l'attention s'est polarisée sur l'état du matériel et sur la législation. L'urgence véritable, pour les pouvoirs publics, serait pourtant de s'intéresser à la formation et aux conditions de travail des équipages. Ces derniers sont souvent constitués d'une main-d'œuvre bon marché, d'origine asiatique, non formée ou mal formée. Leur utilisation fait courir de graves risques à la sécurité du transport maritime. De nombreuses mesures seraient à prendre, comme la définition de critères internationaux pour les visites médicales des marins et de règles pour la consommation d'alcool à bord, pour la pratique réelle d'une langue commune, etc.

Les dégazages (ou déballastages)

Les mesures prises dernièrement par le Parlement ont surtout augmenté les amendes et les sanctions des navires pris en délit de dégazage. Mais elles risquent d'avoir l'effet d'un cautère sur une jambe de bois si des décisions supplémentaires ne sont pas prises. En effet, comme on l'a dit, 9 % seulement des infractions constatées donnent lieu à des poursuites judiciaires. Une raison essentielle de cette paralysie vient de ce que les magistrats n'ont pas reçu la formation adéquate pour traiter de tels dossiers, qui exigent des connaissances particulières, notamment la maîtrise de nouvelles techniques de surveillance, comme celle des images satellitaires.

D'autres mesures devraient être prises, comme l'instauration d'un corps européen de garde-côtes, avec un rapprochement et une coordination des moyens existants.

Les rejets terrestres
(responsables de deux tiers de la pollution maritime)

• Outre l'éducation civique particulièrement nécessaire dans ce domaine sensible, une politique volontariste d'ensemble devrait étudier, département par département, les ratios entre eaux usées et stations d'épuration, et agir en conséquence par rapport à ces dernières (à supposer qu'on ne puisse pas, ou qu'on ne veuille pas, traiter le problème en amont, c'est-à-dire par une action sur les sources de la pollution...).

• La Méditerranée, mer fermée, devrait faire l'objet d'une attention particulière. Pour des raisons qui tiennent à la fois de l'histoire, de la culture et de la science, la France devrait jouer un rôle moteur pour la politique maritime qui y est menée. Rappelons qu'à l'heure actuelle, seulement 20 % des villes du pourtour méditerranéen (et 10 % seulement des villes de la planète) disposent de stations d'épuration. Un nouveau « Plan bleu » et un nouveau « Plan d'action méditerranéen » seraient à définir.

• La vigilance s'impose aussi face aux pertes de matériels nucléaires, des sous-marins aux satellites et autres fûts, pour vérifier si des fuites se produisent et évaluer l'impact éventuel des radiations sur la faune et la flore. Ces vérifications font aujourd'hui gravement défaut.

Nous ne prônons pas de solutions miracles : elles n'existent pas. Il importe plutôt d'additionner des microsolutions pour espérer une meilleure maîtrise des risques dans les décennies qui viennent. Celles qui précèdent ne sont pas exclusives. Le programme Mercator, entre autres, représente une technologie puissante pour connaître les ressources de la mer et favoriser le développement durable. Ces moyens peuvent contribuer à sauvegarder un espace qui abrite 80 % de la biodiversité.

Mers et fonds marins sont au cœur des enjeux économiques et scientifiques de demain. Les forages par grandes profondeurs ouvrent des perspectives étonnantes, la biotechnologie marine commence à se développer, on découvre de nouvelles formes de vie dans ces oasis des grandes profondeurs que sont les sources hydrothermales. Et nous savons le rôle central de l'océan pour le climat. Gâcher la qualité de la mer en « laissant faire », souvent pour des bouts de chandelle, est irresponsable, pour ne pas dire plus.

Christian BUCHET

2. L'eau douce en danger

Ce qu'il faut savoir

Vue du ciel, notre planète paraît bleue : c'est en raison de l'omniprésence de l'eau. Pourtant, les ressources disponibles pour satisfaire les besoins humains sont très faibles. Plus de 70 % de la surface de la planète sont occupés par les océans, mais il s'agit d'eau salée : l'eau douce ne représente que 3 % de la quantité d'eau totale. Encore faut-il retrancher de cette quantité l'eau stockée sous forme de glace et les réserves en eau situées à une très grande profondeur. Il reste alors moins de 1 % de l'eau planétaire pour les besoins et les activités des hommes, et ce indépendamment de la qualité chimique ou sanitaire de cette eau.

Rappelons que l'eau est indispensable à toute forme de vie, et que, sans elle, nous n'existerions tout simplement pas. Notre vie quotidienne est rythmée par elle (boisson, toilette, vaisselle, sanitaires, jardin, baignade, plaisance, usages agricoles et industriels, extinction des incendies…), mais en période d'eaux abondantes, nous n'y prêtons guère attention. Nous n'y sommes attentifs que lorsque les factures grimpent et lors d'inondations ou de périodes de grande sécheresse.

Pourtant, il serait grand temps de prendre conscience que les ressources en eau ne sont ni infinies ni inépuisables. Les besoins ne cessent d'augmenter, au rythme même de la population mondiale qui n'arrête pas de croître. Dès à présent, le volume d'eau disponible par habitant est plus de deux fois moindre qu'en 1950. En 2025, les habitants de la Terre ne disposeront plus que du quart de la quantité de 1950. À ce rythme, qu'en sera-t-il en 2050 ?

Bien entendu, l'eau n'est pas répartie de façon homogène sur la surface du globe. C'est une ressource très inégalement distribuée par la nature dans l'espace et le temps, et elle est aussi à l'origine de fortes inégalités sociales : *en moyenne,* la consommation d'eau journalière va de plus de 6 000 litres par jour et par personne (aux États-Unis) à quelques litres (dans certains pays africains).

Quand l'eau manque

À l'échelle mondiale, c'est l'agriculture qui est la grande consommatrice d'eau, avant tout pour l'irrigation (près de 70 % de la consommation totale annuelle). Viennent en second les activités industrielles, évaluées à environ 20 % de la consommation, tandis que celle des populations représente quelque 10 %. Dans les décennies qui viennent, il faudra multiplier la consommation de ces trois secteurs respectivement par 1,3, 1,5 et 1,8.

Les conséquences du manque d'eau sont multiples et souvent catastrophiques. L'eau est particulièrement importante pour produire les cultures vivrières. Or, dans de nombreux pays en voie de développement, les systèmes d'irrigation sont la plupart du temps archaïques et peu efficaces : une grande quantité d'eau se perd ainsi avant d'atteindre les cultures. Ces pertes sont en elles-mêmes importantes, mais elles sont surtout préjudiciables à la production alimentaire de ces pays pauvres. Selon des prévisions récentes, faute d'eau pour irriguer les champs de cultures vivrières, de 3,5 à 4 milliards de personnes vivront en 2025 dans des pays qui ne seront pas capables de produire la nourriture dont ils auront besoin.

L'eau est aussi un milieu de vie pour une multitude d'organismes. Certains, exploités par l'homme, constituent une ressource économique importante, mais les conséquences sociales et culturelles pour les populations ne sont pas moins essentielles. La disparition de tel ou tel « point d'eau » – on pense à la mer d'Aral, dans l'ex-URSS – représente alors une catastrophe écologique et humaine sans précédent.

L'eau est devenue si importante – parce que rare – qu'elle pourrait générer à l'avenir des conflits meurtriers. Dans des conflits aujourd'hui en cours, elle représente déjà un levier essentiel pour celui qui possède la maîtrise des sources.

C'est aussi une marchandise qui peut avoir un coût élevé et être à l'origine de profits considérables. De grandes sociétés multinationales l'ont bien compris et sont parties à l'assaut du marché de l'eau dans le monde entier, en oubliant trop souvent que tout être humain a le droit fondamental d'accéder à l'eau.

Négliger la quantité et la qualité de l'eau est devenu un luxe que même les pays industrialisés ne peuvent plus se permettre. Une meilleure gestion, même quand l'eau semble rester abondante, est devenue un défi incontournable, y compris pour des raisons de morale publique.

L'eau polluée

Les multiples activités humaines, industrielles et autres, génèrent de nombreuses pollutions et dégradations physiques des eaux, tant de surface que souterraines. Elles fragilisent les réserves disponibles, car elles ont atteint des proportions telles que le pouvoir auto-épurateur des rivières et des plans d'eau est de plus en plus impuissant, tout simplement parce que cette capacité des écosystèmes aquatiques a atteint ses limites. Par voie de conséquence, la qualité des eaux douces laisse à désirer ; trop souvent, elle est devenue incompatible avec l'hygiène, la santé et les loisirs.

Il faut noter que dès la fin des années 60, en Bretagne, des naturalistes et des associations de protection de la nature avaient attiré l'attention de l'État sur les risques, pour la qualité de l'eau, de l'agriculture intensive concentrée sur des territoires restreints, avec ses produits azotés, ses élevages hors sol (surtout porcs et volailles) et ses industries agroalimentaires (et leurs déchets organiques). Ils n'ont alors récolté que sarcasmes… On connaît les conséquences : eutrophisation, marées vertes qui compromettent les activités économiques du littoral (tourisme, conchyliculture… cf. « La pollution des océans »).

La pollution revêt des formes multiples. À cet égard, il faut, comme souvent, se méfier de ce qui est immédiatement visible. Ainsi les rejets directs ou effluents – par exemple le lisier provenant des élevages industriels de porcs – sont facilement perceptibles et leur origine identifiable. Mais nous ignorons souvent que la qualité des eaux douces est également dégradée par les dépôts de polluants d'origine atmosphérique (métaux lourds, polluants organiques, azote, acides…), particulièrement inquiétants aujourd'hui. Il suffit pour s'en convaincre de se rappeler les « pluies acides », avec leurs conséquences très négatives sur les écosystèmes aquatiques dans l'hémisphère Nord. L'atmosphère est devenue, hélas ! un formidable vecteur de polluants : beaucoup en ont pris conscience après l'accident de Tchernobyl.

Que faire ?

La communauté internationale a réalisé tardivement l'importance des menaces qui pèsent sur l'eau, mais à partir du début des années 90, les conférences et déclarations, de Rio (1992) au Forum mondial de l'eau de La Haye (2000), se sont multipliées. De nombreux rapports ont souligné l'urgence de se préoccuper de la gestion des ressources mondiales, dans la perspective d'un développement durable. Des solutions et des mesures à prendre ont été proposées. À l'heure actuelle, les pouvoirs publics sont donc, pour l'essentiel, parfaitement informés de la situation.

Une politique de l'eau se joue essentiellement sur trois fronts : la qualité, la prévention des inondations, la santé des hommes.

Traitement ou prévention des pollutions ?
Services privés et services communaux des eaux

Pour améliorer la qualité de l'eau en général et celle des écosystèmes en particulier, deux voies se présentent. La première, qu'on pourrait appeler « curative », est très onéreuse : elle consiste à traiter l'eau après pollution ou à restaurer les écosystèmes dégradés. La seconde, moins coûteuse, revient à traiter le problème en amont, donc à prévenir et à limiter les pollutions et les dégradations. À l'heure actuelle, la première solution – épurer et restaurer – représente un marché largement géré par le secteur privé. En revanche, la prévention relève avant tout de l'État.

En réalité, depuis les lois de décentralisation de 1982-1983, l'État français s'est fortement désengagé, se contentant de la « police » et de la sécurité publique des eaux. Les communes et groupements de communes, qui doivent organiser la distribution d'eau potable ainsi que le traitement des eaux usées et pluviales, ont choisi en majorité, et en principe librement, des partenaires privés (par affermage ou concession). Très peu ont décidé de prendre en charge eux-mêmes la responsabilité de l'eau en créant des régies. Pourtant, cette prise en charge par la commune ou le regroupement de communes permet aux consommateurs d'intervenir beaucoup plus et mieux dans la gestion de l'eau ; de plus, ce patrimoine communal assure des revenus, en particulier aux petites municipalités, sans oublier qu'il rend possibles des emplois communaux. Enfin, ce système, proche d'un service public, est plus transparent que le secteur privé, dont les affaires de corruption ont défrayé la chronique durant les deux dernières décennies.

Sans préconiser une dévolution automatique aux communes, il serait cependant souhaitable, lorsque les contrats avec les sociétés privées arrivent à expiration, que les collectivités soient encouragées à gérer elles-mêmes leurs ressources en eau. En tout cas, compte tenu des enjeux, il serait bon de remettre le système à plat et d'inciter l'État à assurer un rôle d'information plus soutenu sur ces questions.

Lutter contre la pollution

Malgré les améliorations apportées à la qualité des rejets, la situation n'est guère brillante. Par exemple, pour les rivières de la région Bretagne, la teneur en nitrates est très bonne ou bonne dans seulement 23 % des points de contrôle, les 77 % restants étant catalogués passables, mauvais (39 %) ou très mauvais. Les captages d'eau ne sont pas dans un meilleur état.

On peut parler ici d'un véritable laxisme de l'État français. Ce dernier a d'ailleurs été condamné aux dépens par la Cour de justice des communautés européennes (CJCE) en mars 2001, pour avoir manqué à ses obligations en vue d'assurer la qualité des eaux superficielles destinées à la production d'eau alimentaire (qualité fixée par une directive européenne de 1975). Cette décision va dans le sens de la Commission des communautés européennes, qui demandait des comptes à la France depuis 1992. De même, le tribunal administratif de Rennes a condamné l'État français au motif qu'il avait failli à sa mission de prévention contre la pollution des eaux par les nitrates. Il faut cependant remarquer que, compte tenu de la longueur des procédures judiciaires (européennes ou françaises), ce sont rarement les gouvernements responsables de la non-application des directives qui sont sanctionnés, mais leurs successeurs... ce qui confirme, en un autre sens, le laxisme de l'État sur les questions d'environnement.

Les pouvoirs publics doivent donc fermement s'engager dans une politique de prévention des pollutions, en appliquant avec rigueur les réglementations européennes et nationales existantes. Encore faut-il insister sur la prévention, c'est-à-dire sur la gestion avant plutôt qu'après.

Les inondations

Les inondations dépendent étroitement du rythme et du volume des précipitations. Elles ont toujours existé et font partie du cycle normal de l'eau et de la dynamique hydraulique des cours d'eau. Sur le territoire métropolitain, 8 « arrêtés de catastrophe naturelle » sur 10 leur sont dus. Des centaines de communes sont inondées chaque année, avec des conséquences économiques et sociales désastreuses. Le coût annuel des dégâts est évalué à environ 1,5 milliard de francs.

La question, particulièrement actuelle, qui se pose est celle-ci : la fréquence, l'amplitude, la vitesse d'apparition des inondations ont-elles changé ? La réponse est oui, et les raisons sont à chercher dans la démographie et l'activité économique croissantes. Lors de fortes crues, avec les dégâts qu'elles occasionnent (comme en Bretagne ou dans la Somme, durant l'hiver et le printemps 2001), certains responsables politiques ont néanmoins continué d'affirmer que ces événements sont avant tout dus aux précipitations exceptionnelles, tous les autres facteurs étant minimisés ou inexistants à leurs yeux.

Pourtant, plusieurs causes bien identifiées, et de mieux en mieux comprises par les habitants concernés, contribuent à amplifier fortement les crues et les dégâts qu'elles occasionnent. Ainsi, les profondes modifications de l'occupation des sols ces dernières décennies ainsi que la gestion des espaces à la ville et à la campagne ne sont pas pour rien dans cette ampleur. Par ailleurs, il a été démontré que les sols cultivés possèdent une moindre capacité de rétention des eaux que les sols occupés en permanence par les forêts et les prairies. En effet, le ruissellement est important sur les terres cultivées, plus encore en hiver, quand les terres sont à nu.

Or, en milieu rural, les hommes n'ont eu de cesse de vouloir cultiver la moindre parcelle de terre. Cette tendance est renforcée par les remembrements. Une guerre sans merci a eu lieu ces dernières décennies contre les zones humides, les haies et autres éléments du paysage jugés insalubres ou improductifs. Presque la moitié des zones naturellement humides ont ainsi disparu en France au cours des trente dernières années – une régression à la fois rapide et forte par son étendue. La politique agricole commune (PAC) a incontestablement contribué à cette situation, en suscitant une importante reconversion des prairies en terres labourables (1,2 million d'hectares de 1982 à 1992). Il faut cependant ajouter que la France n'a pas utilisé des outils de la PAC, allant en sens inverse de cette tendance (des aides aux agriculteurs désireux de respecter mieux l'environnement).

Quoi qu'il en soit, de nombreuses régions françaises continuent de payer les frais de cette dynamique effrénée d'arrachage de haies, de drainage et de reconversion de prairies et de zones humides (on estime que la moitié de ces dernières ont disparu ces trente dernières années), d'intensification des cultures, y compris dans les champs où les crues étaient fréquentes. Les inondations ont été à l'évidence activées par cette évolution. En tout cas, elles en sont la conséquence la plus visible (mais non la seule).

Ajoutons que l'incohérence entre plusieurs politiques n'a pas été pour rien dans la situation néfaste qu'est l'uniformisation du paysage autour des terres labourées. Politique agricole, aménagement du territoire et politique de l'environnement se contredisent souvent ouvertement. Ou encore, la politique européenne a proposé simultanément des aides à la reconversion des prairies et d'autres pour geler les terres…

De son côté, l'urbanisation croissante à la périphérie des agglomérations a pendant longtemps peu intégré et respecté les éléments du paysage naturel. Elle peut s'avérer doublement négative : d'un côté, elle se fait plus d'une fois au détriment des zones humides ; de l'autre, elle augmente fortement la surface des terres imperméabilisées (parkings de supermarchés, voiries périphériques, sans compter les toitures des centres commerciaux ou des zones commerciales et industrielles, qui concentrent les flux d'eau non absorbée). Ces surfaces imperméables favorisent l'écoulement rapide des eaux ; lorsqu'on se trouve devant des volumes d'eau inhabituels, elles diminuent le temps de réponse des cours d'eau, de plus en plus incapables de les absorber rapidement.

Il faut aussi rappeler que les zones humides jouent un rôle important dans l'épuration des eaux. Que ce sont des milieux de prédilection pour de nombreuses espèces animales et végétales, désormais en constante régression, voire menacées. Les zones humides rendent donc des services gratuits, dont on a trop longtemps sous-estimé la valeur. Un rapport d'évaluation de 1994, du commissariat au Plan, disait déjà l'essentiel : les zones humides « assurent une fonction de régulation ; à ce titre, elles interviennent dans la réduction des risques naturels – inondations, sécheresse, vent, érosion et évolution du climat – et dans le fonctionnement général du cycle de l'eau, en particulier le stockage de cette ressource, superficielle et souterraine, et le maintien de sa qualité ». Or, jusqu'à présent, dans le domaine de la politique de l'eau, les pouvoirs publics ont largement préféré la « gestion des crises », c'est-à-dire la réparation des dommages, à la prévention. Il faut le dire clairement : malgré quelques mesures utiles, la loi sur l'eau de 1992 n'a pas fondamentalement changé la donne d'une situation très préoccupante, à propos de laquelle le rapport à l'instant cité se disait pessimiste pour l'avenir.

C'est une politique beaucoup plus *volontariste* de prévention des risques qui devrait être mise en œuvre, en restaurant, en maintenant, en favorisant un environnement qui préserve les zones humides et les terres non labourables. Actuellement, les zones de protection (réserves naturelles, zones de protection spéciale, zones spéciales de conservation) sont trop peu nombreuses et concernent de faibles superficies.

Il faut d'ailleurs aller au-delà de ces espaces sauvegardés et accorder en général aux zones humides une attention et un traitement particuliers, en respectant partout leur valeur de patrimoine et les diverses fonctions écologiques qu'elles assurent. Tout projet (de construction, d'urbanisme, de remembrement) qui les concerne devrait être évalué aussi d'après son coût social et économique. Il importerait de mesurer finement l'état réel de beaucoup de zones humides, de toiletter les lois et les codes qui les concernent, de préciser les missions de certains organismes publics à leur sujet. Les études, l'information, le débat public sur l'eau laissent encore beaucoup à désirer. En un mot, *une véritable politique publique* des zones humides s'impose aujourd'hui avec urgence.

L'eau et la santé des populations

Disposer d'eau en quantité suffisante pour satisfaire les besoins quotidiens, mais aussi d'une eau de qualité pour la santé est à la fois une nécessité et un droit. Pourtant, au début du XXIe siècle, on estime que 2,4 milliards de personnes ne disposent pas d'assainissement de base pour l'eau qu'elles consomment. Près de 1,5 milliard de personnes n'a pas accès à l'eau potable. Or, « nous buvons 10 % de nos maladies », pour reprendre la formule de Pasteur. Il en résulte des conséquences déplorables pour la santé de millions de personnes dans le monde.

Chaque année, surviennent en effet 250 millions de nouveaux cas de maladies dues aux eaux polluées, tandis que 10 millions d'individus meurent de maladies contractées par l'eau qu'ils ont bue (trachomes, bilharziose, choléra, typhoïde, paludisme…). L'Organisation mondiale de la santé évalue à 3,4 millions les individus, en majorité des enfants, qui meurent tous les ans directement à cause de l'eau (manque d'eau, eaux contaminées… : 2,2 millions de personnes décèdent de maladies diarrhéiques dues à cette cause).

Ces chiffres sont très élevés, et ils n'ont pas évolué dans le bon sens ces dernières années. D'une façon générale, l'absence d'accès à une eau salubre reste un frein majeur au développement, alors que des mesures simples et peu coûteuses permettraient de mettre à la disposition de la plupart des populations concernées une eau salubre ou du moins nettement améliorée.

Préserver la santé des populations

Les pays industrialisés devraient considérer comme prioritaires les actions de coopération qui réalisent l'accès à l'eau et son assainissement.

Des mesures concrètes et immédiates, comme celles que préconise l'Organisation mondiale de la santé, peuvent être prises, tel l'assainissement de l'eau par le chlore, ou encore le procédé SODIS de désinfection grâce au rayonnement solaire. Ce procédé revient peu cher, puisqu'il utilise l'énergie solaire, des bouteilles en plastique jetables et une surface noire (qui absorbe mieux la lumière).

François GUÉROLD

3. L'érosion de la biodiversité

Ce qu'il faut savoir

La biosphère, ou sphère de la vie, inclut à la fois la dizaine de millions (ou plus) d'espèces vivantes, d'une prodigieuse variété génétique, et les milieux où elles se développent – océans, forêts, savanes, champs et prairies, air… Ce système vivant complexe, formé d'une quantité d'écosystèmes et siège d'interactions multiples, s'est développé sur la planète Terre durant 3,8 milliards d'années : autant que les ressources matérielles, autant que la langue et la culture, cette richesse biologique est un héritage précieux, mais la plupart du temps sous-estimé et ignoré, et par conséquent dilapidé sans retenue. Or, l'érosion de la biodiversité, et plus particulièrement l'extinction des êtres vivants, totalement irréversible, est un des dégâts que les hommes de l'avenir regretteront le plus. Pourquoi ?

Importance de la biodiversité

Parce que la biodiversité est le capital biologique de la Terre. Elle procure des biens et des services essentiels au fonctionnement des sociétés humaines et rend possible leur adaptation à des conditions changeantes. Connaître ces ressources et les préserver permet d'assurer les bonnes conditions de développement pour l'ensemble de la planète.

Pour le nombre d'espèces vivant sur Terre, les estimations varient de 10 à 30 millions (une fourchette qui en elle-même montre notre ignorance). Le nombre d'espèces connues (c'est-à-dire décrites et nommées) ne dépasse pas 1,7 million. Autrement dit, les caractéristiques de la très grande majorité d'entre elles, leur fonction, leur rôle dans les écosystèmes, leur utilisation possible par l'homme... restent inconnus. Par exemple, on estime le nombre des plantes à 280 000. Or, 250 000 seulement ont été recensées. De 10 000 à 50 000 d'entre elles seraient comestibles pour les êtres humains, mais ces derniers se contentent d'en consommer de... 150 à 200 ! Dans le même sens, plus de 75 % des calories et des protéines végétales sont fournies par 9 espèces seulement : blé, riz, maïs, orge, mil, pomme de terre, patate douce, sucre de canne, soja (60 % des calories par trois d'entre elles : blé, riz, maïs). 75 % des variétés comestibles cultivées au début du XXe siècle ont disparu. Les fruits et légumes consommés aujourd'hui sont très souvent des hybrides sélectionnés à cause de leur résistance à diverses contraintes : mécanisation des cultures, distribution des produits... Légumes et fruits sont cueillis verts et mûris artificiellement, mais le « prix à payer » en est leur manque de saveur et de valeur nutritionnelle. Un autre exemple est parlant : la pharmacopée chinoise traditionnelle utilisait plus de 5 000 espèces de plantes : l'industrie pharmaceutique, elle, a exploré les possibilités médicinales d'à peine 1 000 d'entre elles.

Fondamentalement, la diversité biologique permet la résistance des communautés écologiques aux ennemis (externes et internes) qui les menacent, ainsi que leur adaptation aux perturbations et aux changements d'environnement. Sur la base de travaux expérimentaux récents, on estime que plus la biodiversité est forte, plus s'accroît la résistance aux invasions par d'autres espèces. Chez les plantes comme chez les animaux, elle réduit les attaques d'agents pathogènes… La diversité génétique notamment, qui est la base ultime de l'évolution, n'a cessé de rendre possible l'amélioration des espèces animales et végétales pour le plus grand bénéfice des populations humaines.

Le patrimoine que représentent la diversité des espèces ainsi que la variabilité génétique qu'elles hébergent signifie à la fois source de nourriture, source de produits variés à grande valeur économique (huiles, essences, fibres, bois, peaux…), source de médicaments (118 des 150 médicaments les plus prescrits aux États-Unis proviennent d'organismes vivants). En outre, contre les espèces « nuisibles » qui affectent les récoltes, beaucoup d'espèces (insectes, acariens, micro-organismes) peuvent devenir de précieux auxiliaires de lutte biologique. Enfin, de nombreuses espèces interviennent de façon irremplaçable dans ce qu'on désigne aujourd'hui comme des « services écologiques » : pollinisation, décomposition et recyclage ou remise en circulation de la matière organique, régulation de la qualité de l'eau et du climat.

C'est en coopérant avec la vie, dont la biodiversité est la manifestation la plus spectaculaire, et non en la dégradant et en la mutilant que notre espèce assurera les conditions de son développement à long terme. Car la biodiversité est la stratégie mise en œuvre par le vivant pour durer depuis 3,8 milliards d'années. Aussi bien l'agriculture que l'élevage, la médecine que l'économie devraient s'inscrire dans cette perspective. Mais il faudrait aussi que l'animal singulier que nous sommes, l'animal *humain,* « coopère », dans ses soucis moraux, esthétiques et culturels, avec la vie dans sa diversité et cesse de s'inscrire dans une vision purement « productiviste » du monde.

La biodiversité en danger

Le succès écologique et économique de l'espèce humaine a entraîné la sixième crise d'extinction de la biodiversité. La précédente, datant d'il y a 65 millions d'années, a vu la disparition des dinosaures (et fut suivie par l'explosion des mammifères). Comme toutes les autres auparavant, elle résulta probablement de catastrophes géologiques (éruptions volcaniques…) ou astronomiques (chute de météorites), amplifiées par des changements climatiques et donc écologiques.

Ce qui est neuf dans la crise actuelle, c'est qu'elle est due à l'homme et qu'elle s'inscrit sur une échelle de temps beaucoup plus restreinte : ce faisant, elle menace les fondements mêmes d'un développement durable des sociétés humaines. Les exemples, hélas ! abondent.

• Depuis deux millénaires, les hommes ont colonisé les îles des océans Indien et Pacifique, en y important le cortège des espèces associées à l'être humain : rats, chats, chiens, chèvres, cochons… Le malheur, c'est qu'elles sont responsables de l'extinction d'environ un quart des oiseaux de la planète, les espèces insulaires étant particulièrement vulnérables à l'extinction.

• Les estimations sont certes plus précises pour les espèces animales et végétales mieux connues et plus accessibles, autrement dit pour les vertébrés et les plantes supérieures. Pour les autres, on ne peut faire que des extrapolations plus ou moins sûres. On estime que, depuis 1600, 484 espèces de vertébrés et 654 de végétaux ont disparu de la planète. Mais il s'agit certainement d'une sous-estimation, compte tenu de l'absence d'information sur les régions tropicales. Quant aux espèces considérées comme menacées d'extinction à l'heure actuelle, elles sont au nombre de 3 632 pour les plantes et de 523 pour les vertébrés. Ces chiffres traduisent, selon la plupart des chercheurs, des taux d'extinction plus de dix mille fois supérieurs au taux naturel, en tout cas pour ces groupes.

• La cause principale de cette extinction massive réside dans l'expansion démographique, économique et technologique de l'homme. Celle-ci se diffracte en une multitude de causes secondaires : la destruction, l'altération et la fragmentation des milieux naturels ; la surexploitation par la chasse et la pêche ; l'introduction de prédateurs ; le trafic international, au bénéfice d'amateurs individuels ou de réserves animalières, d'espèces exotiques rares ou en voie de disparition... En outre, quand une espèce clé disparaît, elle entraîne l'extinction d'une série d'autres espèces qui en dépendaient (par exemple, la disparition de telle plante signifie la fin de tous les insectes associés ; tel insecte entraîne la disparition de toutes les plantes dont il assurait la pollinisation). Selon les Nations unies, un quart des mammifères sont en voie d'extinction.

• Néanmoins, la cause principale reste la croissance de la population humaine, avec ses besoins et ses impacts, aggravés par plusieurs facteurs. Jusqu'à présent, les systèmes économiques n'ont pas su prendre en compte l'environnement, le renouvellement des ressources et les intérêts des générations futures. Le développement durable n'était pas à l'ordre du jour. Or, l'économie s'est mondialisée et, par voie de conséquence, la gamme des produits de l'agriculture, de la pêche et de la forêt n'a cessé de s'amenuiser. Les législations et les institutions n'ont pas favorisé jusqu'à présent l'exploitation durable des ressources. Les connaissances sur l'extinction demeurent fragmentaires, et, quand elles existent, les mesures qu'elles incitent à mettre en œuvre ne sont guère appliquées.

La situation en France

L'Union européenne compte six grandes régions biogéographiques, dont quatre en France. De par sa situation géographique, le territoire de la France assure pour de nombreuses espèces une continuité des aires où elles s'établissent et joue un rôle très important dans leurs voies migratoires. Ce simple constat explique que la France a de grandes responsabilités dans la gestion, la protection et la conservation des espèces.

La première responsabilité pour protéger et conserver consiste à connaître et à évaluer le patrimoine dont il est question. Or, si l'on connaît assez bien les vertébrés et les plantes supérieures, il n'en va pas de même des invertébrés (et *a fortiori*, du monde complexe des micro-organismes, champignons, bactéries et autres protistes). De fait, les lacunes dans la connaissance de la flore et de la faune en France restent grandes ; en particulier, les zones où les espèces sont réparties et leur évolution sont mal connues. Mais, à l'heure actuelle, les inventaires sont dressés avant tout par des naturalistes volontaires et bénévoles, regroupés ou non en associations, en général sans aucun soutien de l'État.

Malgré ces limites, nous savons que des espèces animales et végétales ont disparu ou sont menacées. Selon une étude récente (2000) du ministère de l'Aménagement du territoire et de l'Environnement, 9 espèces de plantes supérieures sont effectivement éteintes, 16 sont présumées éteintes, 97 sont en danger, 290 sont vulnérables, 70 sont devenues rares.

Ce qu'il faudrait faire

Intégrer l'idée de biodiversité dans le développement économique

Compte tenu du caractère irréparable de la disparition d'organismes vivants, il est nécessaire de mettre en place une politique d'acquisition et de diffusion des connaissances, des stratégies fermes de conservation durable des ressources, des procédures de partage équitable pour les avantages et les bénéfices tirés de la biodiversité.

Mais, d'une manière générale, il vaudrait mieux que le développement économique intègre l'idée de biodiversité. Il faut sortir de l'alternative : d'un côté, un développement qui dilapide inexorablement les ressources et dégrade les services écologiques, de l'autre, une biodiversité maintenue et protégée, qui freine ou casse le développement. Là encore, le développement durable devrait être la règle.

Les lois et la réalité

Concrètement, l'État français s'est doté d'un arsenal de lois censées protéger efficacement les espèces végétales et animales du territoire national. Mais elles concernent pour l'essentiel des vertébrés et des végétaux supérieurs, et elles sont insuffisantes pour ceux qui sont dits « inférieurs ». L'application de la directive « Habitats » devrait remédier à cette situation. Ces lois ne sont pas rien. Mais, entre les ambitions proclamées et la réalité, l'écart reste grand. En effet, les contradictions ne manquent pas dans la législation elle-même.

Ainsi, la destruction des habitats (par l'arrachage des haies, l'assèchement, le drainage des prairies et des zones humides pour leur mise en culture) non seulement n'est pas interdite, mais elle est, au contraire, favorisée et subventionnée dans le cadre de la politique agricole. En d'autres termes, il est certes interdit de tuer, d'arracher, de prélever une espèce protégée animale ou végétale ; mais, d'un autre côté, l'uniformisation des paysages, qui détruit l'habitat, fait disparaître mécaniquement tout un cortège d'espèces qui vivaient là et pas ailleurs. Néanmoins, le principal obstacle reste la non-application des lois et directives, qu'elles soient françaises ou européennes. De ce point de vue, le non-respect des directives sur la chasse (en particulier de la directive « Oiseaux ») par les chasseurs français est flagrant. Il n'a d'égale que la mollesse des gouvernements pour faire appliquer la loi.

De plus, la protection en soi des espèces, indispensable certes, est un piètre outil tant qu'elle n'est pas envisagée dans le cadre des écosystèmes, c'est-à-dire à travers les multiples relations qu'entretiennent les organismes entre eux et avec leur milieu. Il faut absolument protéger les milieux si l'on désire la perpétuation des espèces, des écosystèmes et des services écologiques qu'ils rendent. Les moyens pour ce faire sont connus et existent déjà : réserves et parcs naturels, espaces protégés, arrêtés de protection des biotopes, réserves biologiques domaniales, espaces acquis ou gérés par les Conservatoires régionaux d'espaces naturels (CREN) et les associations de protection de la nature. Mais ces actions sont trop ponctuelles dans l'espace, et les écosystèmes concernés ressemblent à des îles sans liens ni échanges entre elles. Les risques d'extinction demeureront par conséquent si aucune amélioration n'est apportée à l'isolement des zones protégées.

Celles-ci sont importantes pour une politique de conservation des espèces : encore faut-il qu'elles aient les moyens et les personnels suffisants – ce qui n'est pas le cas. En outre, l'implication des populations dans ces lieux et dans les activités de préservation apparaît beaucoup trop faible : un effort d'« éducation écologique » est absolument nécessaire.

Il faut noter que l'Union européenne mène une politique active de protection du patrimoine naturel (malgré les contradictions que nous avons relevées à propos de sa politique agricole). Les directives « Oiseaux » et « Habitat » sont des instruments pour créer un réseau écologique européen, désigné sous le terme de « Natura 2000 », grâce à des zones de conservation et de protection spéciales.

Mais, par rapport à ces directives, la France est un très mauvais élève européen : l'État n'applique pas les directives et ne fournit pas les documents nécessaires à la mise en œuvre de Natura 2000, et, de leur côté, l'Assemblée nationale et le Sénat votent des lois allant à leur encontre. La Commission européenne a ainsi adressé à la France de nombreuses mises en demeure (c'est l'étape qui précède la saisine de la Cour de justice des communautés européennes). Certaines ont déjà conduit récemment à des condamnations par la Cour de justice : les directives « Habitat » et « Oiseaux » n'ont pas été transposées dans le droit français, la protection de certains milieux (comme le Marais poitevin) est insuffisamment assurée, les sites qui doivent faire partie du réseau européen Natura 2000 n'ont pas été transmis, etc. De son côté, le gouvernement français a été sanctionné à de nombreuses reprises par le Conseil d'État et les tribunaux administratifs (à propos de la chasse au gibier d'eau, notamment) : dans ce cas, c'est sa mauvaise volonté ou son incapacité à faire appliquer la loi qui sont en cause.

Un effort de recherche et de formation est nécessaire

Notre ignorance de la biodiversité planétaire, de sa composition, de son rôle dans les écosystèmes dont nous dépendons est un handicap majeur pour mettre en place un développement durable. Comment progresser en ce sens en ignorant les bases économiques de la biosphère ? Un effort soutenu de recherche et de formation dans le vaste domaine des sciences écologiques – par exemple dans l'étude des écosystèmes et de leur fonctionnement, de la génétique des populations naturelles, de l'éthologie (étude des comportements) – ne serait pas un luxe…

De fait, la recherche sur la biodiversité en France, sur sa composition et sa dynamique, reste faible, malgré la création dès 1993, grâce aux efforts du ministère de l'Environnement et des organismes de recherche, d'un Programme national de recherche sur la biodiversité. Celui-ci a amélioré la coordination des initiatives de recherche et de formation. Mais tant que tous les ministères concernés ne seront pas partie prenante d'une politique de protection et de recherche, ces efforts resteront dérisoires. Dans ce contexte, la création récente de l'Institut français de la biodiversité est une bonne nouvelle. Encore faudrait-il qu'il soit doté des moyens de pilotage, de coordination et d'action nécessaires – ce qui n'est pas le cas.

On notera enfin la tendance à remplacer les enseignants « naturalistes de terrain » par des biologistes cellulaires et moléculaires, peu sensibles à la diversité du vivant et encore moins au terrain. Les biologistes sont nécessaires, mais ils ne remplacent en aucune façon les naturalistes. En ce sens, tous les efforts resteront vains si n'est pas mis en place un plan national d'action pour créer en France des structures de recherche favorisant sur le terrain l'intervention de l'écologie scientifique en matière de biodiversité et l'émergence d'une « écologie de la conservation », telle que l'ont développée depuis les années 80 des pays comme les États-Unis ou l'Australie et divers pays d'Europe du Nord.

ROBERT BARBAULT
AVEC FRANÇOIS GUÉROLD ET JEAN-PIERRE RAFFIN

4. Les transports[1]

L'action politique dans le domaine des transports est difficile pour plusieurs raisons :

• les convictions ou les croyances collectives des usagers et de l'opinion ne coïncident pas avec celles des experts ;

• l'usage fréquent de la voiture, profondément ancré dans les mentalités, contredit les aspirations de beaucoup à une circulation moindre dans les villes ;

• la perception du problème évolue vite, car elle est tributaire de la recherche (médicale, économique, technologique…) ;

• c'est un secteur où des intérêts économiques considérables sont en jeu et où interviennent des groupes de défense puissants.

La question des transports comporte des dimensions multiples. Dans ce qui suit, nous évoquons seulement certaines répercussions sur l'environnement et certains aspects pertinents pour les décideurs politiques, ainsi que les attitudes de « civisme routier » qui pourraient être prises en compte par les particuliers.

1. Ce chapitre doit beaucoup à une étude d'Alain Morcheoine et Jean-Pierre Orfeuil, parue dans *Responsabilité & Environnement*, janvier 2001. Nous les remercions vivement de nous avoir permis d'utiliser librement les nombreuses informations qu'elle contient.

Ce qu'il faut savoir

Effet de serre et consommation pétrolière

Les risques pour le climat sont liés à l'accroissement de l'« effet de serre ». Celui-ci est dû avant tout aux émissions de gaz carbonique dans l'atmosphère, un gaz carbonique qui résulte de la combustion de sources fossiles d'énergie comme le charbon, le pétrole et le gaz. Il y a donc un lien direct entre l'usage de ce type d'énergie et les risques de désordres climatiques.

Pour les seuls transports, la consommation pétrolière dans le monde a augmenté de 75 % entre 1973 et 1997 (soit une augmentation de 2,4 % par an). Dans les vingt ans qui viennent, et sauf progrès technologique majeur (voiture électrique...), elle pourrait encore doubler, du fait de la motorisation en croissance constante des pays en développement. En Europe, la part des transports dans la consommation pétrolière est passée de 35 % à 55 % durant la même période. En France, 65 % des produits pétroliers importés en 1999 le sont pour les transports (34 % en 1973), ce qui représente 35 % de la consommation d'énergie (21 % en 1973). Les deux modes de transports qui connaissent la plus forte croissance de la consommation d'énergie sont le transport routier et le transport aérien.

Pour l'énergie consommée par les transports terrestres, 43 % sont dus aux transports de personnes et de biens en agglomération, et les deux tiers de cette consommation reviennent aux déplacements en voiture particulière. En règle générale, l'usage de la voiture en ville pour transporter une personne est de 2 à 2,5 fois plus consommateur d'énergie que les transports publics urbains. Les transports routiers sur de longues distances sont l'autre grand responsable de la consommation d'énergie : le transport d'une tonne de marchandise par la route est 2 fois plus consommateur d'énergie que le transport par le train, et 2,2 fois plus que par la voie fluviale.

Rappelons enfin que la production pétrolière, légèrement supérieure aujourd'hui à la demande, va probablement se concentrer fortement au Proche-Orient dans les décennies à venir. Compte tenu de l'évolution du marché (demande en augmentation) et de nombreux facteurs d'instabilité, les prix risquent de subir des évolutions chaotiques, mais globalement dans le sens de la hausse.

La pollution

Grâce aux normes plus sévères (sévérité encore accrue en 2005), les émissions de polluants ont commencé à baisser. Mais le rôle des différents modes de transport dans les émissions polluantes donne à réfléchir : à l'heure actuelle, les transports individuels en ville émettent en moyenne, au kilomètre et par passager, entre 2 et 90 fois plus de polluants que les transports collectifs, et entre 2 et 25 fois plus dans la circulation entre villes. À noter que, s'il faut s'attendre à une forte baisse des émissions de particules fines « diesel », on doit craindre une hausse, pour des raisons technologiques, des particules « essence ».

L'évolution des transports

Les activités de transport (voyageur et marchandises) ont progressé depuis 1985 deux fois plus que l'activité économique en général. Ce sont les transports les moins favorables à l'environnement qui progressent, tandis que reculent les transports qui lui sont le plus favorables : jusqu'à l'été 2001, le transport aérien (voyageurs et marchandises) était en pleine expansion, au niveau national aussi bien qu'international. De même pour le transport des poids lourds (plus 74 % depuis 1985) et pour les véhicules légers (plus 47 % depuis 1985). Au contraire, pour les voyageurs, les chemins de fer et les transports publics urbains n'ont connu que des progressions faibles, tandis que le fret ferroviaire, les voies navigables, la marche et le vélo ont reculé.

Il faut noter que les prix ont joué leur rôle dans ces évolutions. En francs constants, le coût du transport aérien a baissé de 15 % depuis 1990 et celui du transport routier de marchandises de 13 %, tandis que le prix du super a diminué de 17 % depuis 1985 et celui du gazole de 21 % (mais ce dernier a augmenté de 8 % depuis 1990). En raison de la progression des voitures Diesel dans le parc automobile, le prix moyen du carburant payé par l'utilisateur a baissé de 26 % depuis 1985. On doit noter que, malgré cette baisse, le transport routier reste en difficulté et ne cesse de s'adresser à l'État pour faire baisser ses charges : or, celles-ci ne couvrent déjà pas les frais d'infrastructures occasionnés par les routiers, qui créent, avec les coûts d'environnement (entre autres), un déficit de l'ordre de 20 milliards de francs (chiffre de 1997).

On constate que le progrès technique au stade du raffinage des produits pétroliers et de l'efficacité des moteurs est absorbé par l'usage croissant et par l'amélioration du confort des véhicules. Le confort aussi est « énergivore », comme l'illustre le développement de la climatisation. La consommation de pétrole par les transports n'a cessé d'augmenter (plus 55 % depuis 1985). Les transferts du rail vers la route et du transport public vers la voiture et l'avion sont une raison majeure de la dégradation du bilan énergétique. L'autre part est attribuée aux augmentations de poids, de puissance, de vitesse et de confort des véhicules.

Le prix d'achat moindre et la vitesse accrue des automobiles ne sont pas seuls en cause dans le transfert du rail vers la route. Ce dernier s'explique aussi par l'extension de l'habitat vers des zones de plus en plus éloignées du centre urbain et même de la banlieue. Cet étalement, qui a de multiples raisons (prix de l'immobilier acheté ou loué, « problèmes des banlieues », etc.), entraîne souvent sinon toujours une dépendance accrue à l'égard de la voiture : très souvent, en effet, l'achat d'un deuxième véhicule par famille s'impose. Dans l'avenir, des villes à l'habitat individuel plus dispersé (qui consomme lui-même davantage d'énergie) augmenteront les distances de déplacement et la dépendance par rapport à la voiture individuelle.

Le bruit et les embouteillages

Le bruit est une des nuisances les plus dénoncées aujourd'hui, même si la mobilisation pour la combattre est relativement faible – sauf dans le cas des aéroports. La dernière enquête sur le bruit date de 1986. 23 % des logements étaient alors exposés à plus de 65 décibels (considérés comme un seuil de gêne important) et plus de 7 % à plus de 70 décibels : un seuil de gêne élevé par conséquent, qui entraîne le déménagement pour ceux qui le peuvent. Une des raisons de la mobilisation observée en certains endroits est précisément la dévalorisation de l'habitat qui résulte du voisinage avec des équipements bruyants (aéroports, autoroutes, carrefours...).

Compte tenu de l'augmentation du trafic, la situation s'est certainement encore dégradée depuis quinze ans, malgré l'installation de quelques protections phoniques sur de grands axes de circulation et la loi antibruit de 1992, qui limitait à 60 décibels le bruit autorisé pour les nouvelles infrastructures. Pour résorber les seuls « points noirs » bruyants, il faudrait investir pendant quatre-vingts à cent ans avec les financements actuels !

En revanche, contrairement à une impression répandue, alimentée aussi par l'attention des médias pour ce problème, les embouteillages ne sont pas en augmentation. Le « Français moyen » se déplace durant une heure par jour, et cette durée est la même depuis vingt ans, pour des distances deux fois plus grandes. La vitesse des déplacements a crû régulièrement. En général, l'argument de la lutte contre les embouteillages pour obtenir le développement de nouvelles infrastructures routières n'est pas fondé sur la réalité ; en revanche, il est exact que les embouteillages et les congestions provoqués par des accidents, de poids lourds en particulier, se multiplient.

À propos des infrastructures, il faut rappeler que la France est l'un des pays les mieux équipés d'Europe (en autoroutes, TGV, aéroports, réseau routier secondaire...). L'importance qu'on leur accorde dans les contrats de plan État/régions, l'acharnement à en créer de nouvelles sont donc d'autant plus discutables qu'elles ont des effets pervers : elles polarisent des activités en certains endroits au lieu de les diffuser dans l'espace, et elles contribuent par conséquent à vider des territoires de leurs activités traditionnelles. Dans le même temps, certains dossiers, comme le franchissement ferroviaire des Alpes et des Pyrénées, n'avancent guère...

Ce qui pourrait être fait

En 2010, les transports représenteront environ 45 % des émissions (directes et indirectes, incluant celles du raffinage des carburants) de gaz carbonique d'origine énergétique (les deux autres émetteurs sont l'industrie, d'une part, l'habitat et le secteur tertiaire, d'autre part). C'est le seul secteur dont les émissions restent en forte augmentation, pour la simple raison que le trafic aérien et routier continue de croître. L'objectif général adopté par la France dans le cadre du protocole de Kyoto est de stabiliser les émissions du pays en 2008-2012 au niveau de 1990 : un objectif impossible à atteindre dans le secteur des transports. Dans le cadre du plan national de lutte contre l'effet de serre, une croissance de 20 % était acceptée pour ce secteur entre 1990 et 2010 : cet objectif est également hors de portée ! En effet, dès à présent, en 2000-2001, nous avons presque atteint les niveaux d'émissions prévus... pour 2010, qui eux-mêmes devaient rester stables jusqu'en 2020.

La question posée est donc : comment simplement contenir (c'est-à-dire ni stabiliser ni réduire !) la croissance des transports et de leurs émissions de gaz carbonique ? Dans un jeu à somme nulle, il faudrait compenser les émissions en trop des transports par une réduction accrue dans les autres secteurs : agriculture, industrie, secteur tertiaire, habitat, avec les conséquences que cela impliquerait pour l'activité économique en France et pour le niveau de confort de ses habitants. Nous ne pointons, dans ce qui suit, que certains aspects d'une question qui comporte de très nombreux paramètres – politiques, économiques, technologiques, culturels...

La réponse technologique sera d'une efficacité limitée

Une réponse fréquente à la question de la pollution revient à compter sur la technologie, donc sur les constructeurs automobiles eux-mêmes : ils fabriqueront des voitures propres, moins polluantes, c'est-à-dire répondant aux normes imposées d'émission unitaire et de consommation énergétique moindres. L'engagement pris par les constructeurs européens revient, en l'occurrence, à réduire de 25 % les émissions unitaires des voitures neuves en 2008 (par rapport aux voitures mises sur le marché en 1995) : une contribution importante et louable, mais elle ne résout pas tout, loin s'en faut. Il faut plus de dix ans pour renouveler le parc automobile : les progrès de performance ne seront donc généralisés qu'en 2018.

D'autre part, comme on l'a noté ci-dessus, l'expérience montre que l'augmentation du trafic et du confort des véhicules risque de compenser ces gains technologiques. Enfin, en diminuant la consommation de carburant, on diminue aussi ce que coûte l'usage des véhicules et on accroîtra la propension à se déplacer en voiture individuelle (sans compter, en tout cas dans la dynamique actuelle, la présence accrue de voitures Diesel). Et on risque donc de se retrouver à la case départ…

Il faut du reste ajouter que les projections sur l'évolution des émissions des transports entre 2010 et 2020 incluent déjà les réductions sur lesquelles les constructeurs se sont engagés. La solution technologique paraît donc largement insuffisante. Pourtant, la plupart des propositions récentes s'inscrivent dans cette seule voie de réponse, souvent mise en avant, comme solution exclusive, par les constructeurs automobiles. Il faudra donc trouver autre chose pour aller plus loin et mieux maîtriser la croissance de la demande même de transports.

L'instrument fiscal est opératoire s'il est expliqué

Un moyen d'action pour inciter à changer les comportements, l'instrument fiscal, a apparemment montré ses limites en automne 2000 : la progression du prix des carburants, imposée par une flambée des cours du pétrole, a suscité la révolte des transporteurs routiers en même temps que la colère des usagers particuliers. Encore, cette augmentation n'était-elle pas due à des mesures du gouvernement, mais à un contexte économique général et à des décisions économiques étrangères. Pourtant – et nonobstant le constat que les Français préfèrent la réglementation (dont les coûts sont cachés et qu'on pense pouvoir contourner en… ne la respectant pas) aux instruments économiques (comme la hausse des prix…) –, le respect du plafond d'émissions fixé pour les transports en 2010 impliquerait d'augmenter nettement le prix des carburants à la pompe, seule mesure dissuasive vraiment efficace…

En réalité, les mesures fiscales auraient un intérêt réel si leur évolution était davantage prévisible et transparente, du côté tant de l'État que des compagnies pétrolières, de telle sorte que leur légitimité soit davantage perçue et acquise – ce qui est loin d'être le cas actuellement. Grossièrement, les usagers ne comprennent tout simplement pas les hausses à la pompe alors que le prix du baril baisse. Plus généralement encore, les taxes sur le carburant paraissent arbitraires : le public ne perçoit pas ses contreparties, à savoir les services créés, l'accès aux infrastructures et leur renouvellement, la prise en charge des coûts pour l'environnement. Selon une opinion courante, le carburant n'aurait cessé d'augmenter, alors que le contraire (en termes réels) est vrai. Il ne faut donc pas s'étonner que les usagers protestent, même violemment, contre ce qui est perçu comme une injustice (par définition, les hausses de prix du carburant, impôt indirect égal pour tous, touchent aussi bien les pauvres que les riches, les ruraux que les urbains).

Les mesures fiscales nouvelles qui seraient introduites pèseraient sur les automobilistes et sur les camionneurs, mais auraient cependant l'inconvénient de laisser entièrement de côté les autres acteurs, opérateurs et intervenants divers et très nombreux, dont les décisions influent sur l'offre et la demande de transports : collectivités territoriales, autorités responsables des transports… Ces dernières sont soumises en permanence aux besoins de financements pour des programmes de transports collectifs, mais aussi à la pression des habitants, davantage préoccupés par les facilités ou les difficultés de la vie quotidienne que par des engagements à long terme pris par le gouvernement dans un contexte international. Souvent, ces habitants ne voient pas en quoi cela concerne leur vie quotidienne.

Dans ce contexte, des mesures temporaires et locales, comme

le ralentissement ponctuel de la vitesse ou la circulation alternée lors des « pics de pollution », peuvent être immédiatement utiles, mais représentent des gouttes d'eau dans la mer de la pollution et ne suffisent pas à assurer un développement durable.

À propos de l'effet de serre, une approche quantitative a été adoptée à l'échelle internationale. Il serait donc judicieux de fixer un plafond d'émissions pour les années 2008-2012 et la décennie qui suit (jusqu'en 2020). Le plafond annuel calculé par la Mission interministérielle de l'effet de serre au printemps 2000 était, en l'occurrence, de 40 millions de tonnes équivalent carbone (Mtec). Un sous-plafond spécifique, par exemple 34 Mtec, pourrait être fixé pour les transports terrestres.

La répartition entre les agents économiques pourrait donner lieu à l'établissement d'un système de permis transférables et d'un nouveau type de marché, susceptibles de répartir au mieux ces permis sans recourir à la solution vieillotte des tickets de rationnement. Ainsi, nous sommes nombreux à régler nos dépenses avec des cartes bancaires. Pourquoi ne pas envisager, à terme, des comptes en carbone sur lesquels seraient portées au débit et au crédit nos opérations courantes touchant à l'achat de carburant, de fuel domestique ou de gaz ? Sans doute n'y a-t-il pas lieu de commencer par le consommateur au bout du circuit économique, mais d'abord par les grands opérateurs du système des transports. Cependant, qu'on le veuille ou non, il faudra bien reconnaître de façon durable cette nouvelle rareté et la gérer au mieux.

Un nouveau mécanisme économique

Nous avons besoin d'un outil efficace pour établir un lien concret entre des objectifs planétaires à long terme et les actions de chacun dans la vie quotidienne. Dans le cas des transports français, il pourrait être judicieux d'impliquer les vingt-deux régions responsables de la planification économique et de l'aménagement du territoire, sous la forme de quotas d'émissions alloués à chacune d'elles en fonction de critères à définir. Ces quotas ne seraient pas un carcan, car ils seraient transférables dans le cadre de transactions de type commercial. Ainsi, toute réduction des émissions, grâce à des investissements permettant de maîtriser la demande de transports ou de développer des alternatives aux transports les plus émetteurs de gaz à effet de serre, déboucherait sur des ressources financières supplémentaires, obtenues par la revente des permis non utilisés. À l'inverse, les dépassements de quotas seraient sanctionnés par l'obligation d'acquérir des permis à la hauteur due, donc par une sanction économique. Les régions seraient ainsi obligées de reconsidérer leurs priorités d'aménagements et d'investissements, et notamment le degré de soutien qu'elles accordent au camion et à la voiture.

Un tel scénario suppose que les instances régionales aient une responsabilité effective en matière de contrôle des transports sur leur territoire, en lien avec les autorités directement responsables des déplacements urbains et des transports collectifs. Il s'agirait de parvenir à des initiatives décentralisées pour la réglementation, la fiscalité et les investissements touchant les transports, dans la perspective d'une maîtrise de la croissance des émissions de carbone. L'avantage des permis est d'offrir une contrepartie financière aux efforts vertueux qui sont entrepris par les uns et, au contraire, de pénaliser financièrement ceux qui persistent dans l'insouciance écologique.

Redisons-le : dans un pays comme la France, le rôle des transports est primordial dans les émissions de gaz à effet de serre – et en ce sens les solutions à inventer et à mettre en œuvre dans ce secteur sont prioritaires. Ce serait se leurrer que de se tourner d'abord ou avant tout vers la production primaire d'énergie ou vers la grande industrie, qui ne représentent qu'un cinquième des émissions en France. Des responsabilités accrues données aux acteurs de la gestion du transport et des incitations économiques à la hauteur de l'enjeu sont nécessaires si l'on veut infléchir sérieusement la donne actuelle.

Mesures politiques et comportements civiques

Dans ce cadre, les autres instruments pour contenir les émissions trouvent leur place. Il ne faut pas céder sur les réglementations ponctuelles de la circulation, les outils pour planifier le développement des transports urbains, la fiscalité sur les prix des carburants, ni considérer comme négligeables les engagements volontaires des constructeurs et les innovations technologiques sur les véhicules. Il est plus que jamais nécessaire de mobiliser de façon cohérente l'ensemble de l'attirail.

Parmi les décisions à prendre, les unes reviennent à l'État, d'autres font appel au civisme écologique des automobilistes.

• En général, les élus – ministres, présidents d'assemblées régionales et départementales, maires… – devraient se montrer plus circonspects voire réticents devant des politiques qui vont toujours dans le sens de la dépendance automobile : par exemple, la construction permanente de nouvelles infrastructures (routes, parkings…) est incompatible avec la volonté de diminuer la circulation automobile dans les agglomérations et ailleurs. Faciliter l'accès à tous les espaces, y compris les espaces naturels, ne peut pas être le critère dominant d'une politique des transports.

• Parmi les mesures internationales, une priorité devrait être accordée au franchissement ferroviaire des Alpes et des Pyrénées pour le transport des marchandises : la catastrophe du tunnel du Mont-Blanc, puis les conflits récents autour de la reprise du trafic, entre l'État et les populations riveraines du tunnel, sont le symptôme éclatant de cette urgence.

• La compétitivité du chemin de fer par rapport au transport routier devrait devenir une affaire européenne (par exemple, par la création de « corridors ferroviaires » pour le fret). D'une manière générale, il faudrait rétablir l'équilibre entre la route et le train, aller de façon beaucoup plus volontariste qu'aujourd'hui dans le sens du « ferroutage », et donc résister plus fermement au lobby du transport routier.

• Le rôle des routiers est assurément vital aujourd'hui pour l'économie des entreprises. Néanmoins, outre leur poids excessif dans le transport en général, les entreprises de transport bénéficient d'avantages dérogatoires exorbitants ; les incidences négatives du trafic routier (pollution, bruit, accidents...) sont énormes : on les estime à vingt milliards de francs, qui ne sont pas couverts par la taxe intérieure sur les produits pétroliers. L'ensemble du système revient à une organisation économique qui n'est pas viable et qui est source de risques importants pour la population. C'est pourquoi il importe de renforcer le contrôle de la chaîne de transport (conformité avec les réglementations routières et sociales, normes sonores, vitesse, temps de conduite...). Et, comme les autres activités économiques, celle-ci devrait être amenée à payer, fût-ce par des mesures progressives, ce qu'elle coûte à la collectivité.

• Autre décision à prendre au niveau national : celle de la construction d'un troisième aéroport dans la Région parisienne, supposé « soulager » ceux de Roissy et d'Orly. Quels éléments justifient une telle décision ? Les riverains des grands aéroports existants se plaignent du volume de pollution sonore qui leur est imposé. Mais on oublie trop la pollution due au kérosène, qui représente aujourd'hui une part importante des émissions de gaz à effet de serre (10 % des émissions du transport en France). Ne vaudrait-il pas mieux aborder le problème non à partir d'une demande future supposée, à tort, inéluctable, mais à partir d'une capacité donnée de l'offre de transports aériens ? On prendrait alors en compte les possibilités de développer le réseau des aéroports régionaux existants (tel Satolas-Saint-Exupéry à Lyon) ? Il ne s'agit pas de geler toute nouvelle infrastructure d'importance (aéroports, autoroutes et routes, ports), mais de s'interroger d'abord sur leur nécessité et sur les solutions alternatives qui pourraient être imaginées.

• Le lancement d'un grand programme de résorption des « points noirs bruit » ne serait pas un luxe, compte tenu de l'importance de cette nuisance pour la vie quotidienne des riverains concernés. Les normes antibruit devraient du reste être en général revues à la hausse, notamment pour les deux-roues, en faisant en sorte que les dispositifs techniques mis en place ne puissent être facilement désamorcés ou contournés par les usagers.

Attitudes civiques

• Comme en d'autres domaines, un changement dans les comportements, à moyen terme, dépend d'une bonne information sur les effets de la pollution et sur leurs sources. S'agissant du risque climatique planétaire, l'information demeure souvent abstraite, de sorte que le public est incapable de réaliser la signification concrète d'un climat modifié et de ses causes (les émissions de gaz à effet de serre) et d'entreprendre les actions qui permettraient de réduire les risques. On peut douter que cette information ait été faite suffisamment jusqu'à présent, au-delà des médias qui en parlent surtout – et c'est normal de leur part – en temps de crise (cf. plus loin, « Les médias et l'environnement »). De plus, l'information plus directement politique est défaillante : quand les citoyens ne voient pas le lien entre l'augmentation des taxes d'un côté, des mesures concrètes et visibles dans la politique de l'environnement de l'autre, on peut comprendre qu'ils acceptent difficilement, ou qu'ils n'acceptent pas du tout, les hausses de carburant.

• Dans les transports comme ailleurs, des *décisions civiques*, ou plus civiques que d'autres, sont possibles. Le choix d'une voiture moins polluante, par rapport à une autre qui l'est plus, en est une. Il en va de même du choix de respecter les vitesses réglementaires, qui a un effet sensible à la fois contre la pollution et contre les accidents (la vitesse excessive est, faut-il le rappeler, le plus important facteur d'accidents de la route). La décision de ne pas utiliser sa voiture en ville quand ce n'est pas nécessaire et de préférer la marche, le vélo ou les transports en commun autant que faire se peut n'est pas, compte tenu des habitudes prises, une décision négligeable.

• Pour encourager les voitures sobres et stimuler les initiatives au-delà des normes qui s'imposent à tous, des avantages fiscaux pourraient être accordés aux propriétaires de voitures qui vont dans un sens écologique (par exemple pour les voitures qui atteignent dès aujourd'hui les objectifs de performance fixés dans l'accord des constructeurs automobiles européens pour 2008). Parallèlement, des solutions techniques devraient être favorisées : par exemple, des voitures équipées d'un indicateur de consommation instantanée de carburant (en litres aux 100 km) permettraient à l'automobiliste d'établir un lien direct entre sa vitesse et sa consommation ; ou encore des systèmes de régulation empêcheraient le dépassement d'une vitesse limite, par exemple 150 km/h. Rappelons que le bridage des moteurs (à hauteur de 150 km/h) permettrait de diminuer la consommation d'environ 50 %.

• On note que, dans la publicité, l'information sur la consommation kilométrique des voitures tend à être reléguée au second plan, à un moment pourtant où la sensibilité au prix des carburants est particulièrement vive… L'affichage de la consommation kilométrique des voitures dans les publicités et les lieux de vente devrait être obligatoire.

• Mais la vertu ne peut pas tout. D'une part, le « système

global » de la vie urbaine a en lui-même des contraintes quasi insurmontables, et les transports en commun, malgré leur développement, ne sont pas adaptés à toutes les activités (courses de quelque importance, transport d'enfants très jeunes...). D'autre part, les citadins ou ceux qui travaillent en milieu urbain ne sont pas égaux devant l'usage de la voiture : l'habitant d'une lointaine périphérie de grande agglomération n'a souvent guère d'autre choix que celui de la voiture, car les transports en commun ou les équipements d'accès (parkings proches des gares...) sont rares, voire inexistants.

C'est à ce point que la politique des transports doit se transformer en politique d'aménagement du territoire qui, sur la longue durée, est la seule à pouvoir maîtriser l'évolution de la demande de transports.

OLIVIER GODARD

5. Agriculture, environnement et santé

Ce qu'il faut savoir

Le productivisme agricole est devenu inacceptable

L'agriculture conventionnelle est aujourd'hui sur la sellette. Ce n'est pas sans raisons. Elle est accusée à juste titre non seulement de porter atteinte à l'environnement – par ses pollutions chimiques ainsi que par les dégradations des sols et du cadre paysager qu'elle occasionne –, mais encore d'utiliser des procédés contestables de culture et d'élevage des animaux, à l'origine de scandales et d'un climat d'insécurité alimentaire.

Cette agro-industrie productiviste ne s'inscrit pas dans le cadre du développement durable et elle n'a guère le sens de la responsabilité économique. En effet, ses « performances » sont obtenues grâce à une assistance financière publique permanente, qui ponctionne, en moyenne, plus de 3 000 francs chaque année par foyer européen. Son coût en énergie (en particulier en pétrole, nécessaire à la fois pour la production d'engrais et de pesticides, et pour les transports) est considérable... sans être jamais comptabilisé. Les pouvoirs publics acceptent ce système sans que celui-ci supporte le coût des dérives environnementales, sanitaires, économiques et sociales qu'il engendre : les risques sont la plupart du temps laissés à la charge de la collectivité.

Il est difficile de soutenir le productivisme agricole quand on constate que, en bien des régions, l'eau est souillée du fait de ses activités et doit être impérativement dépolluée avant consommation ; que, dans nombre de cantons, la terre vaut moins pour sa capacité à produire des aliments que pour ses capacités à recueillir l'épandage des déjections animales ; que, pendant des années, les farines carnées ont été vantées pour leur teneur en protéines, alors que leur principale vertu était de réutiliser les dépouilles d'animaux non commercialisables ; et que, lorsqu'il fallut se résoudre à renoncer enfin à ces farines aberrantes, on apprit de la bouche même du ministre de l'Agriculture que, pour échapper au « risque prion », on allait s'exposer au « risque transgénique » du soja de substitution qu'il faudrait importer… Les dépenses pour l'environnement en France sont en majeure partie liées aux dégradations causées par l'agriculture intensive (selon l'Institut français de l'environnement, 1997).

Une évidence s'impose dès lors plus que jamais : ce système doit être fondamentalement remis en cause. Il faut développer des alternatives de qualité, efficaces à la fois en termes économiques et de bien-être. Les enjeux sont tels que tout candidat à une élection se doit de prendre position sur ce véritable choix de société.

Les risques alimentaires sont réels

Le plaisir de se nourrir a fait place à la crainte chez beaucoup : « On ne sait plus quoi manger… » Cependant, les plus hautes autorités de l'État affirment que, globalement, notre alimentation n'a jamais été aussi sûre, et que la France est l'un des pays les plus vigilants sur la sécurité sanitaire des aliments. C'est vrai… à condition de préciser que cette sécurité ne concerne que les risques d'infections toxiques aiguës dues à des germes. En revanche, l'exposition chronique de la population à des facteurs de risques chimiques ou microbiologiques d'origine agricole est passée sous silence : faute d'enquêtes épidémiologiques, on ne se donne pas les moyens d'en évaluer les conséquences. Or, il s'agit là de problèmes de santé publique majeurs, dont certains ont été dénoncés depuis plusieurs années par l'Organisation mondiale de la santé (OMS).

De ce point de vue, les scandales qui ont défrayé la chronique occultent peut-être d'autres pratiques, moins visibles mais non moins graves par leurs conséquences actuelles ou potentielles. Ainsi, à trop privilégier le rendement au détriment de la qualité, on a fragilisé les espèces : elles s'appauvrissent en nutriments et deviennent dépendantes de traitements polluants (engrais chimiques et pesticides pour les végétaux, alimentation artificielle et antibiotiques systématiques pour les animaux). L'aliment peut donc être à la fois dévitalisé et pollué. L'aliment, destiné à la bonne santé, devient l'aliment facteur de risques !

Un aliment se dévitalise lorsqu'il s'appauvrit en nutriments indispensables à l'entretien de la vie (sont qualifiés ainsi : certains acides aminés et acides gras insaturés, toutes les vitamines, minéraux et oligo-éléments, auxquels il faut ajouter les fibres alimentaires en raison de l'importance de leurs propriétés). L'enquête « Suvimax » a révélé que beaucoup d'aliments consommés par les Français manquent effectivement de ces nutriments. Notre alimentation est à la fois surabondante et sub-carencée. C'est ce qui explique d'ailleurs l'essor de la « nutrithérapie » qui propose, tels des médicaments, les nutriments et « alicaments » qu'une alimentation saine et équilibrée prodigue normalement.

Pour le consommateur, les conséquences d'une telle alimentation sont une fragilisation avec déficiences immunitaires et fatigue chronique, une oxydation de l'organisme avec prédisposition à des maladies cardio-vasculaires, des maladies de surcharges et des cancers.

A contrario, l'enquête « Abarac » menée par l'Inserm montre que les aliments issus de l'agriculture biologique comportent davantage – en moyenne 25 %, et parfois le double – de nutriments de haute valeur biologique que les aliments issus des pratiques conventionnelles.

La pollution de l'environnement et de la chaîne alimentaire : elle se traduit par des risques à la fois chimiques et microbiologiques infectieux. Certains de ces risques pourraient être accentués par les organismes génétiquement modifiés (OGM) s'ils devaient se généraliser.

• Pollutions chimiques, dominées par les nitrates et pesticides

a) Les *nitrates* ont une double origine : minérale (engrais chimiques, comme les « ammonitrates » – ceux qui ont explosé à Toulouse) et organique (épandages des lisiers d'élevages intensifs). Tous les sols, en dehors des zones montagneuses, sont en excédent chronique d'azote, ce qui oblige à renoncer à de nombreux captages pour la distribution d'eau potable.

Certains prétendent que les nitrates ne sont pas dangereux. S'ils ne sont pas toxiques par eux-mêmes (ce sont des matériaux permettant aux plantes de fabriquer des protéines), c'est oublier qu'ils sont à l'origine de nitrites et de nitrosamines toxiques. Les premiers entravent la respiration cellulaire chez le fœtus et le nourrisson (méthémoglobinémie) et la reproduction. Les nitrosamines, expérimentalement très cancérigènes, résultent d'une réaction entre nitrites et amines (provenant des protéines). Ce pouvoir cancérigène prend des formes diverses, mais concerne surtout l'estomac et l'appareil digestif. Ces risques sont à l'origine des normes de l'eau potable (10 mg/l pour les eaux embouteillées recommandées pour les biberons ; 50 mg/l pour les captages d'eaux brutes et pour l'eau courante… alors que la communauté européenne a fixé dès 1980 un nombre guide de 25 mg).

De plus, l'excès de nitrates provenant des lisiers génère, outre une pestilence caractéristique, des dégagements d'ammoniac responsables d'irritations chroniques des voies respiratoires. Dans les eaux de surface, ils favorisent, avec les phosphates, la prolifération d'algues. Cette eutrophisation est responsable d'efflorescences (« blooms ») de « cyanobactéries », qui libèrent dans l'eau des toxines dont certaines sont agressives pour le système digestif (intoxications alimentaires aiguës, risque chronique de cancer du foie) et le système nerveux (troubles sensitifs et paralysies).

Or, il n'y a pas encore de réglementation pour juguler ces risques sanitaires dus à l'eutrophisation, bien que l'OMS recommande – provisoirement – une concentration maximale de 1 µg/l pour les microcystines hépatotoxiques cancérigènes. L'épuration de l'eau par le chlore, l'ozone, les charbons actifs est médiocre. Seul le procédé de la nanofiltration par osmose inverse serait efficace, mais il n'est pas utilisé dans les stations d'épuration.

La prévention des risques liés aux cyanobactéries, aussi étendus que méconnus, est évidente et doit passer par la réduction drastique de la pollution par les nitrates : il faudrait ne pas dépasser 10 mg/l (et non pas 50 mg/l) d'eau pour ne pas stimuler l'eutrophisation !

b) Les *pesticides*, qui imprègnent les sols, l'eau, l'air et l'eau de pluie, cumulent souvent des effets allergisants, neurotoxiques, cancérigènes, mutagènes et hormonaux (ils altèrent la fertilité masculine : c'est l'effet « œstrogène-like »). La population est exposée à de véritables cocktails de pesticides, aussi bien dans l'environnement que dans les aliments. Mais là encore l'évaluation de leurs potentialités toxiques n'est pas prise en compte. Or, l'Institut français de l'environnement (IFEN) estime que, chaque jour, les fleuves drainent 100 kg de pesticides vers les estuaires et le littoral (ces substances sont actives à des concentrations de l'ordre du microgramme). La pollution massive et chronique par les pesticides est une atteinte méconnue à la santé publique.

Remarquons d'ailleurs que cette situation vient pour partie

de ce qu'une grande quantité des pesticides répandus n'est pas utilisée par les plantes : on estime que de 25 à 75 % des herbicides utilisés sont en fait gaspillés. Et lorsqu'on sait que l'agriculture française est le deuxième consommateur mondial de pesticides, on ne doit pas s'étonner du niveau élevé de pollution de l'eau, de l'atmosphère et des sols par ces produits.

Il faut attirer l'attention sur certains pesticides réputés « biodégradables », tel le glyphosate (principe actif du Round up, c'est l'herbicide total le plus utilisé). Or, on le retrouve fréquemment dans les captages d'eau potable (rapports 1999 et 2000 de la DIREN de Bretagne), jusqu'à plus de cent fois la norme pour les eaux potables. En fait, ce phénomène est généralisé. Il importe donc de dénoncer la notion faussement sécurisante de biodégradabilité, qui favorise son emploi par les agriculteurs et les particuliers. Il importe de savoir aussi que, même si une molécule se dégrade effectivement dans l'environnement, celle-ci demeure active si elle a été fixée préalablement par des organismes vivants et stockée par bio-concentration tout au long de la chaîne alimentaire. De plus, le glyphosate n'est pas dénué d'effet toxique (nombre de publications mentionnent notamment un effet cancérogène chez certains animaux d'expérimentation et une altération de la fertilité).

c) Notons qu'un pays comme le Danemark a décidé d'interdire l'usage des pesticides dans son agriculture.

• Les risques infectieux

Les risques microbiologiques infectieux proviennent des élevages intensifs, en raison de conditions aberrantes d'élevage et de l'utilisation systématique des antibiotiques (comme agents anti-infectieux, mais aussi comme activateurs de croissance). Deux types de phénomènes sont apparus (déjà dénoncés par l'OMS dans son rapport annuel de 1996 comme des risques majeurs) : d'une part, les germes deviennent de plus en plus résistants aux traitements habituels ; d'autre part, de nouveaux germes apparaissent, aussi bien chez l'homme que chez l'animal. Ce sont les maladies dites « émergentes ». L'OMS en a recensé une trentaine durant ces vingt dernières années (dont l'encéphalopathie spongiforme bovine – ESB, ou maladie de la vache folle).

À propos des risques de mutation de germes et d'apparition de nouvelles maladies, deux remarques d'importance doivent être faites. Ces mutations se manifestent avec acuité dans les élevages intensifs, où l'on peut parler de *véritable péril viral* : par exemple chez le porc (deux maladies émergentes sont apparues en dix ans, dont la maladie de l'amaigrissement du porcelet), chez le lapin (entérocolite), chez le poulet (maladie hémorragique). Il est prouvé que, chez le porc notamment, ce sont les conditions d'élevage qui créent ces mutations virales. Mais plutôt que de les mettre en cause, on préfère les avaliser en sollicitant la recherche pour mettre au point de nouveaux vaccins (contre les maladies émergentes du porc et du poulet), voire de créer des animaux transgéniques résistants à ces nouveaux virus (on l'a envisagé pour le lapin !).

Toutes les zones à fortes concentrations d'élevage sont de véritables bouillons de culture pour les mutations du virus grippal particulièrement virulent. En effet, le porc est l'hôte qui permet aux virus aviaires (ceux des élevages avicoles) et humains de s'hybrider pour gagner en virulence avant d'aller infecter l'homme. Ce risque est pris très au sérieux par l'Afssa (Agence française de sécurité sanitaire des aliments), au point d'amener à sacrifier l'ensemble d'un élevage de poulets où est repéré un nouveau virus… sans pour autant modifier les conditions d'élevage qui favorisent ces mutations.

• Les organismes génétiquement modifiés (OGM)

Rappelons d'abord que les essais d'OGM effectués en plein champ sont susceptibles de disséminer des gènes indésirables dans les plantes cultivées que les agriculteurs souhaitent précisément sans OGM, ainsi que dans les plantes sauvages apparentées ou d'autres organismes vivants, et ce par différentes voies : pollinisation, transport de semences ou de parties de plantes, racines… Le discours officiel proclame que l'essentiel des essais en champs actuellement conduits a pour but d'évaluer l'impact des OGM sur l'environnement. Ce n'est pas vrai : il s'agit avant tout d'apprécier la valeur agronomique des plantes génétiquement manipulées. Sur 61 demandes d'essais d'OGM soumises à la Commission du génie biomoléculaire en 2000, aucune ne prévoyait un protocole scientifique à propos des impacts éventuels sur les milieux voisins des parcelles d'essai.

Les promoteurs de ces essais considèrent tout simplement, par pétition de principe, que les disséminations à distance sont impossibles. Or, la revue *Nature* du 29 novembre 2001 communique le fait que le Mexique, qui refuse les cultures transgéniques, voit néanmoins son maïs contaminé par des OGM. Le Mexique est le pays d'origine du maïs, où il existe à l'état sauvage. Il est ainsi confirmé que les OGM altèrent l'authenticité et la diversité génétiques des plantes qui sont « essentielles à l'avenir de l'agriculture mondiale », selon l'avis des scientifiques à l'origine de cette publication. Il y a là une similitude frappante avec le discours des années 60 sur les engrais chimiques et les pesticides, à propos de leur impact éventuel sur la qualité des eaux. On voit aujourd'hui ce que coûtent à la collectivité nationale les tentatives pour reconquérir la qualité des eaux de surface en Bretagne et celle des nappes phréatiques dans les zones de culture intensive.

Les risques potentiels des *OGM alimentaires* pour la santé peuvent être schématiquement répartis en deux catégories.

a) Aggravation de risques déjà existants : on peut évoquer les risques chimiques du fait de l'ingestion accrue de pesticides par le consommateur (qu'il s'agisse de l'insecticide que la plante manipulée sécrète elle-même ou de l'herbicide qu'elle tolère et concentre davantage, tel le glyphosate du Round up). D'autre part, on notera le risque infectieux possible à partir de transgènes codant des résistances à des antibiotiques utilisés très couramment en médecine humaine, mais aussi de nouveaux germes produits par des micro-organismes du sol réagissant au contact des racines de plantes transgéniques.

b) Risques liés au franchissement délibéré de la barrière d'espèces *et* inter-règnes : ils sont dus à la création d'aliments allergisants (qui ont déjà donné lieu à des procès aux États-Unis). La preuve a d'autre part été apportée, chez le rat, de l'apparition d'une déficience immunitaire. Enfin, de nouvelles molécules non prévues, voire des toxines, peuvent apparaître, par modification dans le temps des influences entre gènes.

Dans le domaine des OGM, il faudrait savoir… ce que l'on ne sait pas ! On *ignore* en effet *tout* des mécanismes de régulation responsables de la variabilité et de l'adaptabilité du vivant. L'expression d'un gène n'est pas fonction seulement de lui-même ; elle dépend aussi de sa localisation dans le génome et d'interactions avec d'autres gènes qui vont être modifiés par l'introduction d'un « transgène ». Certaines de ces modifications sont directement recherchées par l'inventeur de l'OGM ; d'autres n'apparaissent qu'avec le temps, avec des propriétés totalement imprévisibles, notamment pour le consommateur, par manque de recul suffisant.

Ces constats devraient imposer sans délai un moratoire sur la culture hors laboratoire et l'utilisation des OGM dans l'alimentation. Avant que de s'immiscer dans les interactions entre gènes, la science devrait en effet disposer du temps et des moyens nécessaires pour mieux les connaître et pour enrichir le savoir, plutôt que prendre le risque d'ouvrir la boîte de Pandore.

On parle de « cultures transgéniques expérimentales » : mais, ce faisant, on trompe l'opinion. Le public – y compris des personnes « autorisées » (scientifiques, universitaires, journalistes) – pense qu'il s'agit d'études scientifiques destinées à cerner les impacts de ces manipulations sur l'environnement et la santé. Comme on l'a dit, il n'en est rien : dans plus de 95 % des cas, il s'agit d'expérimentations pour montrer aux agriculteurs des performances agronomiques, intéressantes du point de vue des profits possibles.

En d'autres termes, ce sont des cultures expérimentales avec des objectifs avant tout économiques et financiers, alors que ni les agriculteurs, ni les consommateurs, ni les politiques n'ont rien demandé. Les firmes spécialisées dans ces technologies biologiques sont pressées d'obtenir le retour sur investissements, et leurs expérimentations ne relèvent donc pas de la recherche fondamentale sur les avantages et les risques des OGM. Tout se passe comme si l'on voulait les faire accepter à la population contre son gré (comme l'attestent les sondages), que ce soit par contamination des cultures par des pollens, ou par des mélanges de grains dans les circuits de distribution, ou encore par l'alimentation animale (des fourrages importés comme le soja sont déjà majoritairement transgéniques).

À l'heure actuelle, bien au-delà de la lécithine et de l'amidon issus de soja et de maïs transgéniques, le *consommateur* devrait se préoccuper surtout de la viande, du lait et des œufs provenant d'animaux d'élevages intensifs nourris avec ces plantes *entières*, selon des mélanges contenant maintenant près de 50 % et plus de transgénique. La question se pose : qu'en est-il des fragments d'ADN ingérés par l'animal et des pesticides qui se concentrent dans son organisme ?

Il importe par conséquent d'exiger un étiquetage ne reposant pas sur le principe de l'équivalence en substances (qui a été retenu par la réglementation européenne), mais sur une *véri-*

table traçabilité, concernant tous les produits en relation avec les OGM, y compris et surtout ceux issus d'animaux nourris avec des plantes transgéniques. Cette traçabilité est d'autant plus impérative que, par une décision peu compréhensible, le Parlement européen a refusé que soit engagée la responsabilité des filières disséminant les OGM dans la nature et dans les assiettes !

Les vraies conséquences sont pour demain

Certains pensent que tous ces facteurs de risques n'ont pas ou peu de conséquences puisque l'espérance de vie continue de croître. Ce paradoxe apparent ne doit surtout pas inciter à négliger la prévention. L'espérance de vie est liée à la qualité de vie, qui elle-même résulte de nombreux facteurs, non seulement alimentaires et sanitaires, mais aussi socio-économiques ; les effets de ces facteurs se manifestent *avec un décalage dans le temps* qui est de l'ordre de deux à trois générations. Il en ira de même pour les effets des risques alimentaires actuels sur la qualité de la vie et la longévité des générations futures.

Or, nous assistons non seulement à l'accroissement des pollutions et à l'altération de la qualité intrinsèque des aliments, mais aussi à une remise en cause globale de la qualité de vie, dont les effets les plus néfastes se manifesteront avec un décalage. Faudra-t-il attendre pour réagir que se produise une cassure de l'espérance de vie, comme le prédisent déjà quelques épidémiologistes, dont ceux de l'Office mondial de la santé ?

Il est bien connu que, faute de répondre aux qualités nécessaires à l'entretien de la vie, l'alimentation joue un rôle dans 80 % des maladies (40 % des cancers). Citons seulement trois phénomènes caractéristiques des incidences sanitaires de l'alimentation « moderne ». D'abord le diabète de la maturité : il est en pleine expansion, et il est en grande partie lié à l'excès de consommation d'aliments raffinés, concentrés en glucides et dépourvus des fibres alimentaires qui évitent normalement les à-coups d'hyperglycémie. En deuxième lieu, les cancers sont aussi de plus en plus nombreux, particulièrement chez de jeunes adultes, ce qui est significatif de l'altération des conditions de vie, notamment par la pollution. Enfin, les cas d'allergie augmentent régulièrement (10 % par an) : ils ne sont pas sans liens avec une alimentation riche en molécules de synthèse.

De quelques aspects socio-économiques

L'état des lieux sanitaire doit être complété par une sorte d'éco-bilan socio-économique. Il importe en particulier de savoir que :

a) L'unité d'azote organique (« engrais vert ») coûte sept fois moins cher que son homologue minéral (chimie de synthèse du pétrole), dont 1 tonne équivaut à 2 tonnes de pétrole.

b) 1 gramme de protéines animales coûte en moyenne l'équivalent de 7 à 9 grammes de protéines végétales, mais un bœuf offre douze fois moins de repas que les céréales qu'il a consommées. 1 calorie/viande nécessite 80 calories/pétrole. Or, 55 % de la production de protéines végétales dans le monde servent à nourrir le bétail, alors que céréales et légumineuses constituent une des bases d'une alimentation équilibrée pour l'homme depuis des siècles.

c) Consommer moins de viande – mais de qualité – et plus de protéines végétales permettrait de disposer rapidement de ressources alimentaires suffisantes et durables, car plus autonomes. Trop souvent, des pays en développement, dépendants du point de vue alimentaire, ont délaissé leurs cultures vivrières au profit de cultures d'exportation destinées à nourrir le bétail dans les pays riches. Ce ne sont pas les OGM qui sont la solution de la faim dans le monde, mais une autre organisation des ressources dans le monde qui relève de la responsabilité politique !

d) La PAC (Politique agricole commune, qui dispose de plus de 300 milliards de francs annuels, soit la moitié du budget européen) encourage par une prime de 2 400 francs à l'hectare la culture du maïs fourrager, qui est non seulement onéreuse mais très dommageable pour l'environnement – le maïs est une plante subtropicale exigeante en eau ; il accélère l'érosion des sols mis à nu l'hiver ; il le pollue aussi par l'emploi d'engrais (nitrates) et d'herbicides (atrazine). De surcroît, sa qualité nutritionnelle est médiocre, et il doit donc être complémenté : par du soja importé des États-Unis. L'Europe dépense ainsi beaucoup d'argent pour se rendre dépendante des États-Unis, qui disposent du fait même d'une véritable arme alimentaire ! Il est urgent que cesse ce marché de dupes accepté par les politiques européens lors des accords de Blair House. Ceux-ci « autorisaient » la culture de céréales pour réserver celles des protéagineux aux États-Unis – alors que le trèfle, le lupin, la luzerne, etc., pourraient se substituer avantageusement au soja... surtout si on le cultivait sur les terres laissées en jachère (là encore avec des primes incitatives de la PAC).

e) Le chiffre d'affaires de la production agricole est de l'ordre de 300 milliards de francs, obtenus avec 170 milliards de francs d'apports publics.

f) Le consommateur-contribuable paie quatre fois, voire cinq, un produit issu des procédés de l'agriculture intensive : outre le prix affiché sur l'étiquette, il doit intégrer le coût des subventions, de la dépollution, des frais de santé induits par une alimentation dévitalisée et polluée, mais aussi, périodiquement, les « rallonges » demandées par les productivistes victimes de la chute des cours. Cette chute des cours, ils l'ont souvent eux-mêmes provoquée, pour avoir sciemment organisé la surproduction... à moins qu'elle ne soit occasionnée par la destruction de troupeaux à la suite de maladies dues aux raisons évoquées ci-dessus.

g) La valeur ajoutée des produits de l'agriculture intensive est faible en raison des dépenses en produits intermédiaires (engrais chimiques, pesticides, aliments reconstitués, antibiotiques...), qui tombent dans l'escarcelle des filières de l'agro-industrie. Le rendement n'est pas synonyme de bénéfice pour celui qui a charge de produire à la ferme !

h) En trente ans, l'agriculture française a perdu plus des deux tiers de ses effectifs : chaque année, 35 000 exploitations agricoles disparaissent, soit une par quart d'heure !

Ce qui pourrait être fait

Le rôle du politique

• Ce qu'il ne faut plus faire

Ce que les politiques ne doivent plus faire, on peut le résumer d'une phrase : mettre en avant les facteurs économiques de compétition au rendement plutôt que la santé de la population et la pérennité des ressources.

Pour illustrer ce point, citons simplement trois exemples parlants à ce sujet. En 1980, un médecin de la direction de l'Action sanitaire et sociale des Côtes-d'Armor répond par écrit à l'un de ses confrères qui se plaint d'installations de porcheries industrielles près des périmètres de protection de captages d'eau potable : « Le développement et les impératifs agricoles du moment prévalant hélas ! sur la santé publique, il n'est guère possible de s'y opposer... » Deuxième exemple : en 1996, le dinoterbe, un herbicide trop toxique pour la faune aquatique et potentiellement cancérigène, est mis sur la liste des produits interdits. Cependant, l'arrêté paru au *Journal officiel* prévoit que « dans le cadre de l'écoulement des stocks, il est accordé un délai pour leur utilisation et leur distribution... ». Le délai sera de dix-huit mois, accordé en deux temps. Avec le même souci d'écouler les stocks, la décision de retirer du marché les triazines (dont l'atrazine du maïs) vient d'être prise, mais il faudra attendre juin 2003 pour l'appliquer. Certes, un herbicide n'est pas le virus du sida, mais l'état d'esprit qui donne priorité à l'écoulement commercial de stocks alors qu'ils représentent une menace pour la santé publique est significatif.

Les instances européennes ne sont pas en reste. Au sujet de la maladie de la vache folle (ESB, BSE pour les Anglais) et des risques de transmission à l'homme, une « note succincte » de la Commission des communautés européennes, portant sur les « déclarations au Comité vétérinaire permanent des 9 et 10 octobre 1990 », conseillait notamment de « ne pas provoquer de réactions défavorables sur le marché. Ne plus parler de BSE ». Suivaient plusieurs consignes précises en faveur de la protection du... marché, pour recommander en conclusion : « Sur le plan général, il faut minimiser cette affaire BSE en pratiquant la *désinformation.* Il vaut mieux dire que la presse a tendance à exagérer. » On connaît la suite !

• Pour une structure de sécurité sanitaire forte

Parmi les priorités sur lesquelles les candidats aux élections devraient s'engager pour les cinq années à venir, la mise en place d'une structure de santé publique forte s'impose en tout premier lieu : elle doit être capable d'appliquer et de faire respecter une véritable politique de sécurité sanitaire, qui intègre les facteurs environnementaux. Cette structure fait défaut pour la France et pour l'Europe.

– En France, le ministère de l'Agriculture reste juge et partie pour traiter des dossiers concernant surtout la santé (celle-ci ne disposant même pas d'un ministère à part entière) : on le voit bien lors de chaque crise alimentaire. Un exemple typique est donné par la commission d'homologation des pesticides : elle est composée d'une cinquantaine de membres représentant le ministère de l'Agriculture et l'agro-industrie, tandis que la santé et l'environnement n'ont droit qu'à un représentant... La sincérité et l'esprit de responsabilité des premiers ne sont pas à mettre systématiquement en cause, mais compte tenu des groupes d'intérêt qu'ils représentent, le déséquilibre est patent.

– Par ailleurs, comme nous l'avons souligné, *faute d'enquêtes épidémiologiques*, nous ne sommes pas à même d'évaluer les risques pour la population (« Notre ministère de la Santé n'est que le ministère de la maladie faute d'être aussi celui de la prévention », selon un ancien directeur général de la Santé). Il s'agit là d'une carence grave de notre système sanitaire. Par manque de moyens pour établir les relations de cause à effet, on se prive de mesures préventives. Par exemple, il n'existe pas de registre des cancers couvrant le territoire français : comment alors apprécier les relations entre cancers et facteurs de risques cancérogènes tels que nitrates et pesticides ?

– Faute de se donner les moyens d'apprécier ces risques, tout se passe comme s'ils n'existaient pas : un constat d'autant plus préoccupant que c'est à la collectivité d'apporter la preuve d'un danger, mais aussi, le plus souvent, d'en assumer les coûts. Aussi, le politique devrait-il imposer aux industriels de l'agroalimentaire, préalablement à la mise sur le marché de nouveaux produits ou lors de l'utilisation de produits potentiellement toxiques, une exploration sérieuse des dangers potentiels (comme cela se pratique déjà, par exemple, pour les médicaments), et, d'autre part la réparation des dommages induits par un produit ou un procédé.

La même remarque vaudrait, au plan international, pour l'Organisation mondiale du commerce, qui exige des opposants à telle ou telle mesure ou des demandeurs de telle ou telle interdiction qu'ils supportent eux-mêmes la charge de la preuve. Ainsi du bœuf aux hormones américain : la France est taxée pour l'avoir refusé sans apporter la preuve d'un danger. Pour les OGM, on en est là : on cherche à les imposer sans le recul suffisant, et on demande aux « anti-OGM » de faire la preuve qu'ils sont nocifs.

Une véritable politique de sécurité sanitaire, avec une juste répartition des coûts, appliquant le principe de prévention ainsi que le principe de responsabilité, impliquerait ce qui suit :

– Le principe pollueur/payeur devrait être appliqué avec rigueur et, si fautes ou fraudes caractérisées il y a, des amendes et des condamnations dissuasives devraient être prononcées (c'est loin d'être le cas pour les fraudes portant sur les céréales d'importation « bio » – une situation comparable à celle des pétroliers qui dégazent en pleine mer : les amendes sont ridicules par rapport aux profits réalisés, cf. ci-dessus « La pollution des océans »).

– Les lois et réglementations sont faites pour être appliquées. L'arsenal législatif serait une prévention efficace pour limiter les facteurs de risques précités s'il se faisait respecter, ce qui n'est pas le cas à l'heure actuelle, pour différentes raisons :

a) Les moyens humains et techniques dont disposent les autorités administratives pour faire respecter la réglementation, particulièrement concernant les établissements classés, sont notoirement insuffisants (c'est surtout vrai du nombre d'inspecteurs chargés de faire respecter les normes auxquelles les élevages intensifs sont soumis, une carence qui a de graves conséquences en termes de pollution).

b) Une remarque parallèle pourrait s'appliquer à la formation des commissaires aux enquêtes publiques (il est surprenant que 98 % des projets agro-industriels reçoivent un avis favorable...).

c) Dans les conseils départementaux d'hygiène, le modèle productiviste est surreprésenté, et il oriente souvent les décisions à son profit. La composition de ces assemblées devrait être rééquilibrée et devenir plus représentative du tissu socio-économique.

d) Il importe que les pouvoirs publics engagent les procédures lorsque l'infraction est constatée. Sans quoi, les associations environnementalistes doivent en prendre l'initiative, ce qui se produit dans un nombre de cas anormalement élevé. Qui plus est, ce sont les carences de l'État qu'il faut poursuivre : par exemple, c'est à la suite d'une plainte déposée par « Eau et rivières de Bretagne » auprès de la Commission européenne que la Cour de justice des communautés européennes a condamné la France : « En ne prenant pas les dispositions nécessaires pour que la qualité des eaux superficielles destinées à la production d'eau alimentaire soit conforme aux valeurs fixées, la France a manqué aux obligations qui lui incombent. »

– Réformer la politique agricole commune (PAC) et le fonctionnement de l'Office mondial du commerce (OMC).

– Imposer un moratoire sur les cultures et importations d'OGM. Outre les raisons scientifiques évoquées et le manque de recul concernant les risques pour l'environnement et la santé, c'est le libre choix de l'alimentation qu'il s'agit de préserver, en raison du risque avéré de contamination des espèces originelles par les pollens transgéniques : il s'agit là d'une atteinte grave portée à la sécurité et à l'authenticité des filières, en particulier des filières de qualité comme celles de l'agriculture biologique. Le risque est tel que le *New York Times* du 10 juin 2001 pouvait écrire à la une, à propos des OGM : « Et si les consommateurs n'avaient plus le choix ? »

– Appliquer réellement la loi d'orientation agricole qui prévoit d'aider en priorité les modes de production respectueux de l'environnement, de la qualité des produits et de l'emploi, autrement dit, répondant aux objectifs de développement durable.

L'agriculture biologique… et autres

L'agriculture biologique est le modèle le plus achevé du développement durable agricole. Ce type de développement concilie économie et qualité de vie tout en préservant celle-ci et les besoins des générations futures : outre des pratiques non polluantes, autonomes et économes, les ressources du sol sont entretenues et renouvelées. 30 % des agriculteurs français sont impliqués dans une démarche d'« agriculture durable », mais ne sont pas reconnus comme tels pour ne pas s'être résolument engagés dans la reconversion au bio, faute d'une politique agricole véritablement incitative, comme c'est le cas dans d'autres pays.

L'agriculture biologique, en France, n'est toujours pas sortie du ghetto (1,3 % des surfaces cultivées), tandis qu'elle est en plein essor chez nos voisins européens (l'Allemagne s'est fixé pour objectif une production agricole comportant 20 % de « bio » en 2010 ; la Hollande envisage de supprimer la TVA sur les produits bio). En France, l'agriculture productiviste continue d'être subventionnée pour exporter ses excédents; paradoxalement, nous sommes obligés d'importer 70 % des produits biologiques consommés chez nous, alors que la demande ne cesse de progresser, particulièrement en restauration collective. Il s'agit donc d'appliquer des alternatives de qualité, efficaces et durables.

Le concept d'« agriculture raisonnée » est apparu récemment en réponse à l'inquiétude des consommateurs devant les excès de l'agriculture intensive et de la pollution de l'environnement. Les objectifs affichés par ses promoteurs (FNSEA, CNJA, UIPP-Union internationale des produits phytosanitaires et autres grands groupes agro-industriels) sont de réduire sensiblement l'utilisation des agrotoxiques en agriculture. Cette initiative ne peut qu'être encouragée dans la mesure où elle s'accompagne de cahiers des charges précis et de contrôles indépendants, car elle entraînera une nouvelle dynamique de compétition vers la qualité et non plus seulement vers la quantité.

Au-delà de l'agriculture biologique, il importerait de revenir à la fonction essentielle de l'agriculture : assurer les besoins et la sécurité alimentaires des populations, et, en même temps, la préservation des ressources et des paysages, dans des campagnes vivantes. Les agriculteurs, au sens le plus large, devraient être sensibles (et donc formés) à une approche globale des écosystèmes, pour en tirer durablement la meilleure productivité. Ainsi, une bonne gestion d'un territoire serait la complémentarité des productions (grandes cultures et élevages, céréales et légumineuses...), et non la spécialisation à outrance qui est devenue la règle.

De telles orientations s'inscrivent naturellement dans les objectifs d'un développement durable : obtenir des produits de qualité implique des pratiques agricoles qui seront bénéfiques pour l'environnement, mais qui peuvent l'être aussi pour l'économie locale et pour la création d'emplois. Cette agriculture n'est certes pas « compétitive » avec l'agriculture intensive dans la configuration actuelle... Mais c'est précisément de cette comparaison qu'il faut sortir aujourd'hui. Cette agriculture pour un développement est compétitive si l'objectif essentiel est d'assurer la sécurité alimentaire, l'autonomie alimentaire dans chaque région du monde (ce qui ne signifie pas la fin des échanges !), un environnement durablement préservé, la préservation des espaces naturels et des écosystèmes.

Pour un citoyen « consomm'acteur »

Notre comportement de consommateur contribue à orienter l'évolution de la société. Il n'y a pas d'achats innocents, car ils conditionnent les modes de production et d'organisation de l'économie. Une économie plus solidaire et respectueuse de l'humain est possible si chacun utilise son pouvoir d'achat avec cohérence. À quoi bon dénoncer les risques liés a des procédés polluants pour finalement les avaliser en achetant les produits de ceux qui les mettent en œuvre ?

Les rapports entre l'État, les décideurs et les citoyens sont trop souvent des rapports de force. Or, il existe un moyen simple, non violent et pourtant efficace de se faire entendre de l'État et des décideurs : c'est de se comporter en « consomm'acteur », dont les choix ne s'effectuent pas seulement en fonction du prix, mais aussi de critères sanitaires, sociaux et environnementaux. Ainsi le pouvoir sera-t-il aussi dans le porte-monnaie ! La sanction économique peut s'avérer redoutable, discrète, mais de nature à se faire entendre bien au-delà de son canton et des frontières. De surcroît, c'est une sanction parfaitement démocratique, car s'exprimant au prorata des votes exprimés.

Voici des exemples concrets d'action s'inspirant de la maxime « penser globalement, agir localement », dans lesquels la consommation d'aliments de qualité est déterminante.

• De plus en plus de foyers et de restaurations collectives se comportent en « consomm'acteurs » en utilisant des produits issus de l'agriculture biologique, sans pour autant grever leur budget, grâce à une meilleure répartition des menus entre protéines animales et végétales. Ils prouvent ainsi que manger sain et savoureux n'est pas un luxe, mais une nécessité mise à la portée de tous. Ils développent aussi un marché de qualité, qui devrait inciter le monde agricole à s'engager résolument dans une agriculture au service de la vie.

• Nombre de villes ont commencé à appliquer ce consumérisme intégrant la responsabilité politique de proximité. De nombreuses municipalités ont pris conscience de la mise en cause de la qualité des produits (souvent après avoir pris position contre les OGM) et ont recours aux produits bio.

• À l'échelle des régions, une consommation reposant sur un contrat entre consommateurs et producteurs peut remédier aux crises environnementales et économiques, sans solliciter les deniers publics, pour un gain remarquable en revenus et qualité de vie. Ainsi, en Bavière et dans le Bade-Wurtemberg, élus, producteurs et consommateurs se sont associés pour « reconquérir » la qualité de l'eau, des aliments et des paysages. La ville d'Augsbourg, près de Munich, gère une zone de captage d'eau potable pour 300 000 habitants. Celle-ci subissait les mêmes atteintes d'origine agricole que les captages français : pollution par les pesticides et les nitrates à 40 mg/l. En une quinzaine d'années, le taux moyen de nitrates est passé à 7 mg, et la qualité de l'eau s'est améliorée au point qu'elle peut être distribuée aux usagers sans traitement.

Par quel miracle ? Tout simplement en traitant les causes plutôt que les conséquences. Au lieu de consacrer des fonds à des projets coûteux d'usine à dépolluer comme en France (le dernier en date est une usine qui devrait s'installer au nord de Brest pour transformer les lisiers de porcs en… engrais chimiques à l'aide d'ammoniac et d'acide sulfurique avec de hauts risques, classés « Seveso 2 »), une politique locale et régionale a été mise en œuvre. Elle a su saisir les opportunités des aides à l'environnement proposées par Bruxelles pour impulser des pratiques agricoles relevant du développement durable : conversion des terres vers l'agriculture biologique, vers des herbages pour élevages extensifs, des zones boisées, des vergers de pommiers correspondant à une production régionale que le productivisme avait fait disparaître.

Facteur essentiel de réussite, prouvant l'importance des « consomm'acteurs », les contrats entre élus, consommateurs et producteurs s'engagent à valoriser et à faciliter la distribution des produits des agriculteurs « convertis », et à leur assurer un juste prix de reprise. Des associations de consommateurs se sont engagées à payer un peu plus cher (en moyenne 20 %) ces produits, parce qu'ils achètent de la qualité, mais aussi la protection de leur eau et la préservation de leurs paysages.

Au Japon, l'agrobiologie a pris son essor grâce au « Teiki system » qui établit, là aussi, des relations de confiance et un partenariat entre producteurs et consommateurs, pour établir des prix équitables et garantir la distribution des produits. Ces initiatives ont incité ensuite des mesures officielles en faveur de la conversion en « bio ».

Ces exemples, provenant de pays économiquement très développés, relèvent du « commerce équitable » : ces deux termes *a priori* incompatibles peuvent en effet s'associer pour redonner du sens à une économie plus solidaire.

Encore faut-il que le citoyen-consommateur prenne ses responsabilités et qu'il ne cède pas à la résignation et au fatalisme (des « polluants » redoutables pour la démocratie). Son pouvoir d'achat doit devenir un véritable pouvoir de décision et son assiette… un bulletin de vote quotidien.

LYLIAN LE GOFF ET PHILIPPE DESBROSSES

Bibliographie

ASCHIÉRI, André, *La France toxique*, La Découverte, 1999.

AUBERT, Claude, *La Nouvelle Assiette, les céréales au menu*, Terre vivante, 2000.

BOUNIAS, Michel, *Traité de toxicologie générale*, Springer-Verlag, 1999.

BOURGUIGNON, Claude, *Le Sol, la Terre et les Champs*, Le Sang de la terre, 1996.

Catalogue-guide de la Ferme de Sainte-Marthe (variétés oubliées), BP 10, Cour-Cheverny (annuel).

COLBORN, Théo, *L'Homme en voie de disparition ?*, Terre vivante, 1997.

COLLECTIF, *Génie génétique. Des chercheurs s'expriment*, Le Sang de la terre et Écoropa, 1997 (voir préface de Jean-Marie Pelt).

DESBROSSES, Philippe, *Nous redeviendrons paysans*, Éd. du Rocher, 1993.

DESBROSSES, Philippe, *L'Agriculture biologique*, Éd. du Rocher, 1998.

DESBROSSES, Philippe, *L'Intelligence verte, agriculture de demain*, Éd. du Rocher, 1998.

JOYEUX, Henri, *Alimentation et Cancer*, Éd. OEIL, 1985.

LANNOY, Paul, et HUSS, Jean (éd.), *La Santé empoisonnée*, Éd. Frison-Roche, 1998.

LE GOFF, Lylian, *Nourrir la vie*, Éd. Roger Jollois, 1997.

LE GOFF, Lylian, *Manger bio*, Flammarion, coll. « Dominos », 2001.

OFFICE MONDIAL DE LA SANTÉ, *Rapport sur la santé dans le monde* : 1996 (« Combattre la maladie, organiser le développement »), 1998 (« La vie au XXIe siècle, une perspective pour tous »), OMS, Genève, 1996 et 1998.

PELT, Jean-Marie, *Plantes en péril*, Fayard, 1997.

PELT, Jean-Marie, *La Terre en héritage*, Fayard, 2000.

PETRELLA, Riccardo, *Le Manifeste de l'eau. Pour un contrat mondial*, Labor, 1998.

PETRELLA, Riccardo, *Le Bien commun*, Éd. Page deux, 1997.

SAINT-MARC, Philippe, *L'Économie barbare*, Éd. Frison-Roche, 1994.

SERALINI, Gilles-Éric, *Le Sursis de l'espèce humaine*, Belfond, 1997.

SERALINI, Gilles-Éric, *OGM. Le vrai débat*, Flammarion, coll. « Dominos », 2000.

SHIVA, Vandana, *Éthique et Agro-industrie. Main basse sur la vie*, L'Harmattan, 1996.

6. Le réchauffement climatique

Ce qu'il faut savoir

La réalité du réchauffement

L'ensemble de la communauté scientifique internationale est d'accord sur le fait que la Terre s'est réchauffée en moyenne d'un demi-degré depuis le début du XXe siècle. Cette estimation est une moyenne, obtenue à partir d'un grand nombre de mesures directes. Rappelons que les variations de la moyenne sont toujours bien plus faibles que celles des mesures enregistrées en un lieu donné et comparées d'un jour à l'autre (ou d'un endroit à l'autre).

De nombreux travaux menés de manière indépendante attestent la réalité du réchauffement. Si l'on tente de remonter au-delà de 1900, la reconstitution des températures est plus délicate et l'incertitude plus grande, mais, pour le XXe siècle, la tendance à un net réchauffement est indiscutable.

La valeur, apparemment faible, d'un demi-degré, qui représente une moyenne pour toute la surface du globe, correspond à un changement climatique déjà bien décelable. Il se manifeste avec une amplitude diverse selon les latitudes : en moyenne multiplié par 3 de l'équateur aux pôles, il se « limite » à 1 degré sous nos latitudes et atteint 1,5 degré au Groenland.

L'évolution de la température moyenne annuelle en France durant la période 1901-2000 montre un réchauffement net des températures minimales plus marqué à l'ouest (plus de 1,2 °C) qu'à l'est (entre 0,6 et 0,8 °C), ainsi qu'un réchauffement des températures maximales (de l'ordre de 1 °C au sud). Un réchauffement moyen de seulement 5 degrés sépare le climat glaciaire qui existait il y a vingt mille ans (le stockage des glaces dans l'hémisphère Nord se traduisait alors par une baisse d'environ 130 mètres du niveau des mers) du climat « chaud » actuel, installé depuis environ dix mille ans sur Terre. Or, il s'agit là d'une des variations climatiques les plus importantes depuis des dizaines de millions d'années.

Les manifestations « palpables » de cette évolution sur un siècle ne manquent pas. En voici quelques exemples frappants.

• *Les glaciers* : la régression des glaciers est réelle dans pratiquement toutes les régions du monde (équateur, tropiques, moyennes et hautes latitudes ; sous les hautes latitudes, certains glaciers « avancent », car il y a plus de chutes de neige, mais cela ne contredit en aucune façon le réchauffement). Dans quinze ans, il n'y aura plus de glace au sommet du Kilimandjaro !

• *La faune et la flore aquatiques* : les espèces qui affectionnent les eaux chaudes progressent vers les hautes latitudes (certains poissons tropicaux remontent le long de la façade atlantique française) ; des espèces d'algues typiques d'eaux plus chaudes apparaissent dans certains lacs de Sibérie.

• *Les glaces sur l'océan* : l'épaisseur de la banquise dans l'océan Arctique diminue (de près de 40 % dans les régions du centre de l'océan) depuis les années 60.

• *Les sols* : le permafrost (sol en permanence gelé) dégèle en partie en Sibérie.

• *La végétation terrestre* : la limite supérieure de la prairie dans les Alpes autrichiennes et suisses a remonté de façon appréciable sur la durée d'un siècle, ainsi que la limite nord de la taïga en Finlande.

• *La couverture neigeuse* : dans l'hémisphère Nord, elle a diminué de 10 % depuis 1966.

• *Le niveau marin* : on estime son élévation moyenne sur la Terre de l'ordre de 10 cm durant le XXe siècle.

Bien que les interprétations soient compliquées (par exemple, le recul actuel d'un glacier peut s'interpréter de différentes manières), l'ensemble de ces indicateurs permet de saisir l'importance de l'évolution climatique sur un siècle.

Les causes du réchauffement

Au cours des derniers siècles, trois facteurs principaux se sont combinés pour entraîner une élévation de la température :

• la variation de l'activité du Soleil (il y a réchauffement lorsqu'elle augmente) ;

• les éruptions volcaniques (les grandes éruptions entraînent un refroidissement, par suite de l'effet d'écran dû aux poussières) ;

• l'activité humaine : principalement par émission de gaz à effet de serre, ou GES (en augmentation régulière, avec un effet réchauffant), et d'aérosols sulfatés (en augmentation, avec un effet refroidissant).

Durant la première moitié du XXe siècle, le réchauffement ne peut être imputé à l'activité humaine et constitue probablement une fluctuation naturelle comme il y en a toujours eu. En revanche, aucun modèle ne peut justifier l'augmentation des dernières décennies sans prendre en compte l'effet de serre « anthropique » (c'est-à-dire dû à l'homme) découlant de nos activités.

Pour les décennies à venir, la poursuite des émissions actuelles ou, ce qui semble le plus probable en l'absence de volonté de procéder autrement, leur augmentation entraîneront une accélération du réchauffement climatique. Les deux causes principales de ce réchauffement anthropique sont le dioxyde de carbone (CO_2), qui se taille la part du lion, et le méthane (CH_4). D'où proviennent les émissions d'origine humaine du CO_2 ? On en relève cinq, avec la répartition suivante au niveau mondial : la production d'énergie (raffinage du pétrole, production d'électricité : 28 %), l'industrie (24 %), la déforestation (20 %), le transport (16 %), le chauffage et autres (12 %). Quant aux émissions de CH_4, elles ont deux causes principales : l'agriculture et l'extraction des hydrocarbures.

La production mondiale d'énergie est assurée à 85 % par les combustibles fossiles, qui produisent du CO_2, principal gaz à effet de serre. Actuellement, une moitié du CO_2 émis s'accumule dans l'atmosphère, l'autre est « pompée » par l'océan et la biosphère terrestre (la végétation « pousse » mieux). Si nos émissions continuent d'augmenter au même rythme qu'aujourd'hui (notre consommation d'énergie et donc les émissions croissent de 2 % par an environ), il faut prévoir un triplement (par rapport à aujourd'hui) du gaz carbonique dans l'atmosphère d'ici 2100.

Les émissions humaines ne se limitent pas aux gaz à effet de serre. Elles comprennent aussi les particules (des « poussières ») et des substances qui deviennent des particules dans l'atmosphère (les gaz soufrés essentiellement) ; tout comme les éruptions volcaniques, ces dernières refroidissent la surface de la Terre, avant tout en réfléchissant les rayons solaires. Or, l'utilisation d'énergie fossile engendre aussi de telles émissions « refroidissantes ». Compensent-elles le réchauffement ? Effectivement, on peut répondre que les aérosols (poussières, sulfates) « refroidissent » le sol. Et l'on envisage bien une augmentation des aérosols pour les décennies à venir. Mais attention : émises principalement sous nos latitudes (États-Unis, Europe, Chine), ces poussières agissent seulement à nos latitudes. En effet, contrairement aux gaz, elles n'ont pas le temps de se redistribuer sur toute la planète et sont rapidement « redéposées » par les pluies. Elles participent donc à un refroidissement de nos latitudes, mais en même temps conduisent aux pluies acides et à une atmosphère poussiéreuse. Le remède ici est pire que le mal, et, de toute façon, leur présence est loin de compenser le réchauffement prévu.

Le réchauffement et ses effets

Un doublement de CO_2 entraînerait un réchauffement moyen que l'ensemble des modèles informatiques (une quinzaine, indépendants les uns des autres) estime à quelques degrés (de 2 à 6 degrés : cela dépend notamment des émissions futures), ce qui peut correspondre à 6-12 degrés dans les hautes latitudes de l'hémisphère Nord. C'est un réchauffement très important, qui déboucherait probablement sur une modification majeure de notre environnement et affecterait très certainement notre vie quotidienne, même s'il reste difficile de décrire avec précision les effets du changement.

Certains prétendent que, dans le cadre de l'évolution naturelle du climat, ce dernier est en route vers la prochaine glaciation, et qu'il serait donc utile que la planète soit réchauffée. Effectivement, à supposer que cette hypothèse soit exacte, ce serait une catastrophe de se retrouver en climat glaciaire, car une terre en époque glaciaire ne pourrait nourrir la population actuelle.

Mais ce n'est pas le cas. Depuis deux millions d'années, d'énormes calottes de glace se sont construites sur les continents de l'hémisphère Nord en quelques dizaines de milliers d'années, puis elles ont disparu rapidement et, pendant environ dix mille ans, n'ont quasiment plus existé… C'est justement ce qui s'est passé depuis dix mille ans (le Groenland est un reliquat de glaciation qui ne représente que quelques pour cent des grandes calottes glaciaires). Nous sommes donc bien à la fin de cette période de dix mille ans. Et l'on pourrait donc penser que le retour à la prochaine glaciation est proche.

En fait, ce retour s'est mis en marche depuis plusieurs millénaires déjà. C'est un lent refroidissement qui se manifeste par poussées successives, et ce qu'on appelle le Petit Âge de glace, qui s'est produit du XIVe au XVIIIe siècle, en représente une, la plus récente et la plus forte. Mais il apparaît de plus en plus certain que, naturellement, la Terre a cette fois-ci extrêmement peu de chances de basculer dans une glaciation (ces dernières sont gouvernées par la position de la Terre par rapport au Soleil : bien que périodique, cette situation ne se reproduit jamais à l'identique). Au lieu d'aller vers un refroidissement, nous retournons à nouveau vers un réchauffement progressif, qui s'étendra sur les dix mille prochaines années. Les conditions favorables pour retourner vers une glaciation ne se rencontreront à nouveau que dans vingt mille ans. La même chose s'est produite il y a environ quatre cent mille ans : l'époque chaude avait alors duré exceptionnellement trente mille ans.

Du coup, le réchauffement anthropique des prochaines décennies arrive dans un contexte naturel peu favorable. Tout d'abord, sur une grande échelle de temps (siècles et millénaires), au lieu d'évoluer vers une glaciation, nous retournons vers un réchauffement. Ensuite, sur l'échelle de quelques siècles, où le climat dépend de l'activité solaire (de l'énergie émise par le Soleil), nous sortons d'une époque de faible activité (qui a entraîné la période plus froide du XIVe au XVIIIe siècle). Or, cette activité solaire grandit à nouveau. Et le réchauffement anthropique s'additionnera donc aux causes naturelles de réchauffement.

Les changements climatiques

La machine climatique est très complexe, et, actuellement, les modèles informatiques dont nous disposons ne sont pas encore capables de prévoir avec certitude comment le réchauffement affectera le régime des pluies région par région. À titre indicatif, sur l'Europe, les modèles prévoient plus d'humidité sur le Nord et plus de sécheresse sur le Sud ; tous les modèles prévoient une diminution du manteau neigeux. Dans les hautes latitudes (Canada, Sibérie…), la croissance de la végétation, qui est essentiellement limitée par la température, sera favorisée ; en même temps, la fonte du permafrost, qui a déjà commencé, ne fera que s'accentuer, rendant difficile l'économie actuelle (à cause de la présence continue de boue). L'apparition de ravageurs (insectes, microbes…) favorisée par un climat plus chaud et plus humide pourrait perturber fortement le fragile équilibre de l'écosystème arctique. Les zones arides des latitudes tropicales ont, elles, peu de chances de voir arriver plus de pluie…

Il y a déjà eu des périodes plus chaudes sur Terre par le passé, durant les dernières centaines de milliers d'années qui nous précèdent, donc depuis que l'homme existe. Par exemple lors de l'époque chaude précédente (il y a cent vingt mille ans), le niveau des mers était supérieur de 5 à 6 mètres au niveau actuel ; cette époque était en moyenne d'environ 2 degrés plus chaude que l'époque actuelle. De même, il y a cinq à huit mille ans, il faisait légèrement plus chaud sur terre. Mais ce réchauffement était gouverné par la position de la Terre par rapport au Soleil et non par une « couverture » plus chaude (due aux gaz à effet de serre). Les causes d'aujourd'hui sont différentes et, même si l'augmentation moyenne de température qui en résulte est comparable pour le bas de la fourchette (2 degrés de plus qu'actuellement), le climat (la température et les pluies), qui est influencé par la circulation de l'atmosphère et des océans, peut être différent. Ainsi, durant ces époques plus chaudes, il tombait plus d'eau dans les régions tropicales désertiques (époque des gravures rupestres au Sahara), alors que le réchauffement lié à l'augmentation des GES se traduira, selon toute vraisemblance, par des pluies raréfiées sur ces régions.

On ne peut donc extrapoler aux décennies futures le climat qui existait aux époques plus chaudes dans le passé. La prévision ne peut se faire qu'à partir de modèles, car l'augmentation prévue de GES est l'exception depuis des millions d'années : durant les époques chaudes précédentes, jamais notre atmosphère n'a supporté autant de GES qu'aujourd'hui ni, *a fortiori*, que ce qui est prévu dans les prochaines décennies dans le cadre de la croissance actuelle.

On pourrait en déduire que, puisque les modèles ne peuvent actuellement prévoir par région l'impact du changement climatique, il serait prudent d'attendre avant d'agir pour ralentir (voir stopper) ce réchauffement. Car, après tout, il se pourrait que ce réchauffement moyen sur la planète modifie peu de chose en Europe et en France. De fait, les modèles ne permettant pas aujourd'hui de savoir précisément ce qui sera modifié ou non, on peut considérer qu'il est urgent d'attendre. On peut aussi, au contraire, estimer urgent de se prémunir contre de l'inconnu qui pourrait être redoutable. Dans un monde « mondialisé », il faut avoir une vision plus large du problème que celle de nos frontières européennes : il peut se passer des choses « ailleurs » dont nous supporterons les conséquences chez nous.

D'autres diront que des changements climatiques d'amplitude comparables à ceux qui sont prévus dans les décennies à venir ont déjà eu lieu par le passé (des glaciations et des époques plus chaudes), et que la vie s'est adaptée : pourquoi dès lors ne pas faire confiance à la nature ? À quoi on peut répondre ceci : la grande différence entre les temps lointains et le siècle actuel, c'est que nous sommes passés de quelques millions à quelques milliards d'individus sur la planète. Pour que la vie s'ajuste « sans trop de casse » à un changement climatique de cette importance qui, de plus, est très rapide (quelques décennies), il faut de la liberté de mouvement. Or, actuellement, tout est figé dans des « boîtes » relativement étanches :

• les *hommes* sont bornés par les frontières de leur pays, et surtout par le fait qu'il cxiste peu de terres d'accueil vierges de toute présence humaine : la migration en masse dérange forcément quelqu'un au lieu de destination ;

• pour la *faune sauvage*, la migration d'un habitat favorable à un autre n'est souvent plus possible, en raison d'obstacles infranchissables entre les deux ;

• même la *flore naturelle* a vu son espace très fortement réduit par l'agriculture, et surtout une grande partie des espèces végétales – notamment les arbres – ne peut pas migrer rapidement.

De plus, cette évolution climatique aura lieu dans un contexte de surexploitation des ressources naturelles par la société humaine ; celle-ci dégrade à une vitesse vertigineuse l'équilibre des écosystèmes de la planète et compromet la disponibilité des ressources à l'avenir. Un changement supplémentaire sur des systèmes en déséquilibre ne peut qu'accentuer ce dernier (pousser au hasard quelqu'un qui est en train de tomber a plus de chance de précipiter sa chute que de l'arrêter). En d'autres mots, l'érosion actuelle de l'environnement réduit ses ressources d'adaptation.

Certes, on dira que les grands changements de l'environnement qui ont eu lieu par le passé, dont les changements climatiques, ont entraîné la disparition d'espèces, mais aussi l'apparition de nouvelles. Un changement peut donc avoir aussi des effets bénéfiques. Mais il faut rappeler ici que cette reconstitution de la biodiversité exige plus que quelques décennies ; on estime à environ une dizaine de millions d'années le temps moyen nécessaire à la planète pour reconstituer, après chaque crise majeure, la variété de la biosphère. Or nous-mêmes et nos enfants vivrons les décennies prochaines. Il n'y a guère de sens à compter sur des effets bénéfiques qui auront lieu dans un avenir si lointain.

Que faire ?

Que pouvons-nous faire pour éviter, ou du moins ralentir, le réchauffement climatique ?

Ce qui est incompatible

Quoi que nous fassions désormais, le climat que nous connaissons va de toute façon changer à l'avenir, et ce sera avant tout à cause des activités humaines. La marge de manœuvre qui nous reste se situe entre un changement brutal, promis par l'évolution en cours, et un changement de moindre importance, permettant peut-être d'échapper aux conséquences les plus graves, qui impliqueraient une modification majeure de notre style de vie. Ainsi, pour stabiliser la concentration de gaz carbonique dans l'atmosphère, et donc la perturbation que nous causons au climat, il faudra tôt ou tard parvenir à diviser les émissions mondiales de ce gaz par un facteur 2 à 3, puis ne plus dépasser ce niveau.

Dans ce dernier cas, si nous répartissons équitablement le « droit à émettre » de l'humanité entière avec ses 6 milliards d'habitants (c'est un cas d'école, évidemment, mais il est utile pour fixer des ordres de grandeur), cela signifie qu'il faudrait diviser les émissions de chaque Américain par 10 à 12, de chaque Allemand par 6, de chaque Français par 4 à 5, de chaque Chinois par 2. En revanche, un Indien pourrait les augmenter très légèrement.

Le « droit à émettre » en question (500 kg d'équivalent carbone par an) serait atteint dès que nous aurions :

• fait un aller-retour de Paris à New York en avion ;

• consommé 2 500 kWh d'électricité en Grande-Bretagne, ou 22 000 kWh en France ;

• acheté de 50 à 500 kg de produits manufacturés ou d'emballages ;

• utilisé 2 tonnes de béton (une maison moderne de 100 m^2 en exige 17) ;

• conduit pendant quatre à six mois une petite voiture en zone urbaine, ou un à deux mois une voiture plus puissante, tel un 4x4 ;

• consommé 1 000 m^3 de gaz naturel (soit quelques mois de chauffage d'une maison) ;

• mangé 70 kg de bœuf.

Sont donc incompatibles avec la préservation du climat :

• le niveau de mobilité motorisée que nous avons aujourd'hui (et plus encore celui que nous aurons demain, en étendant à la Chine et aux pays en développement nos habitudes de déplacement – au lieu de faire l'inverse). La même remarque concerne le transport aérien dans les pays développés ;

• la poursuite de la « croissance » fondée sur l'augmentation de la production industrielle et de la consommation des ménages ;

• le chauffage au fioul ou au gaz de chaque foyer dans une maison de type actuel ;

• la consommation de 100 kg de viande par habitant et par an (c'est, en gros, le niveau actuel en France, c'est-à-dire le double de celui du début du XXe siècle) ;

• et, bien entendu, le fait d'ignorer le problème, en pensant que celui-ci finira par se résoudre tout seul « ailleurs » et « plus tard », sans que nous ayons à faire d'efforts dans l'immédiat.

Que peut faire le politique ?

Sans la demande explicite de citoyens de s'attaquer au problème, rien, ou si peu ! L'histoire enseigne que l'électeur, qui est aussi citoyen et consommateur, détient le vrai pouvoir : en démocratie, aucun « politique » ne fait l'inverse de ce que lui demandent les électeurs. À nous de savoir si nous préférons la préservation du monde futur à notre consommation d'aujourd'hui, en sachant que les deux ne sont pas compatibles. Le plus urgent pour faire un choix éclairé est donc de s'informer sur l'évolution en cours (voir bibliographie) pour bien comprendre « comment ça marche », les enjeux et les marges de manœuvre. Accorder la priorité à un monde vivable pour les générations futures revient à faire clairement savoir que nous acceptons la limitation de la consommation matérielle qui en résultera. Ce ne serait pas nécessairement le retour à la charrue à bœufs : si cette limitation devenait un objectif sérieusement pris en compte, nous pourrions conserver un niveau de vie pas très éloigné du niveau actuel, tout en divisant notre consommation d'énergie par deux, à la condition essentielle de nous en tenir là pour très longtemps et d'abandonner la logique du « toujours plus ».

À supposer que nous souhaitions devenir « sages » au sens qui vient d'être précisé, voici quelques décisions politiques qui sont clairement incompatibles notamment avec la préservation du climat, mais aussi avec une solution à bon nombre d'autres problèmes d'environnement :

• considérer la croissance de la production industrielle ou de la consommation des ménages en produits manufacturés comme une bonne nouvelle ;

• favoriser l'augmentation de la mobilité motorisée, en construisant routes et aéroports nouveaux (dont le troisième aéroport parisien), etc. ;

• subventionner l'agriculture sur la base des volumes ;

• raisonner de manière sectorielle : quand on traite les problèmes de manière séparée (par exemple le transport) sans s'interroger sur les causes et sur l'origine (par exemple les dispositions d'urbanisme, des pratiques industrielles comme le « juste à temps » de la livraison par camion, la volonté de consommer toujours plus qui met en mouvement toujours plus de personnes et de marchandises, etc.), les « solutions » ne font souvent, au mieux, que déplacer le problème. En exagérant à peine, nous pourrions proposer que le ministère de l'Environnement disparaisse : son existence sert trop souvent d'alibi aux autres secteurs pour se désintéresser du problème.

Les mesures qui pourraient être prises

Pour ralentir, voire éviter, le réchauffement climatique, il faudrait tout d'abord ralentir, voire supprimer, les émissions des gaz à effet de serre. Comment faire ?

• Dans tous les cas de figure, une diminution de notre consommation d'énergie est incontournable.

• Ensuite, il faut remplacer progressivement les combustibles fossiles par des sources n'émettant pas ou peu de CO_2 (le choix va de l'hydroélectricité et de la biomasse replantée à l'énergie solaire, à l'éolienne, nucléaire). Nous ne pouvons entrer ici dans le débat sur la part qu'il conviendrait d'accorder à chacune de ces sources d'énergie, bien qu'il soit essentiel.

• Il importe de soutenir sans aucune dérogation l'application du protocole de Kyoto. Bien qu'il ne représente qu'un modeste premier pas, il a le très grand mérite d'étendre ce souci à l'échelle mondiale – une échelle hors de laquelle les efforts d'un pays restent vains.

• Il faut favoriser l'accès et le transfert de technologies moins polluantes aux pays en voie de développement des technologies nouvelles qui permettent de diminuer la pollution.

Mais il faut replacer la question du réchauffement dans un contexte plus global. Par les modes de production qu'ils supposent, nos modes de vie perturbent la planète à l'échelle globale. Les pollutions locales sont, elles, souvent faciles à percevoir, mais celles qui sont à l'échelle du monde avec des répercussions pour la Terre entière, augmentent régulièrement les quantités de polluants : elles sont plus sournoises, mais sans doute plus alarmantes. Dégradation croissante de l'atmosphère (opacité, oxydation et acidification) et de l'eau, diminution incessante des ressources de la Terre, comme la baisse de la biodiversité, la diminution de l'habitat sauvage, des surfaces cultivables, des ressources en eau : autant de ressources dont l'évolution est préoccupante et pose un problème de fond quant à la civilisation qui se développe et se répand exclusivement sur le modèle du productivisme occidental.

Actuellement, et plus encore dans les décennies à venir, les deux grands maux dont souffre et souffrira la planète se résument à la « surpopulation » et à la « surconsommation » : la planète est déjà trop peuplée pour le mode de consommation actuel. Appliqué à 5 millions d'individus, notre mode de vie ne poserait pas de problèmes. Il en pose dès lors qu'il devient celui de la population du monde entier, voire des seuls Occidentaux.

Il faut donc agir à un double niveau (cf. figure).

Le niveau aval, qui, avec l'actuel réchauffement climatique, tente de diminuer les émissions de GES, par une technologie appropriée. Ce niveau existe pour chacune des questions fondamentales.

Le niveau amont, qui s'attaque, lui, à la maîtrise de la démographie et de la consommation.

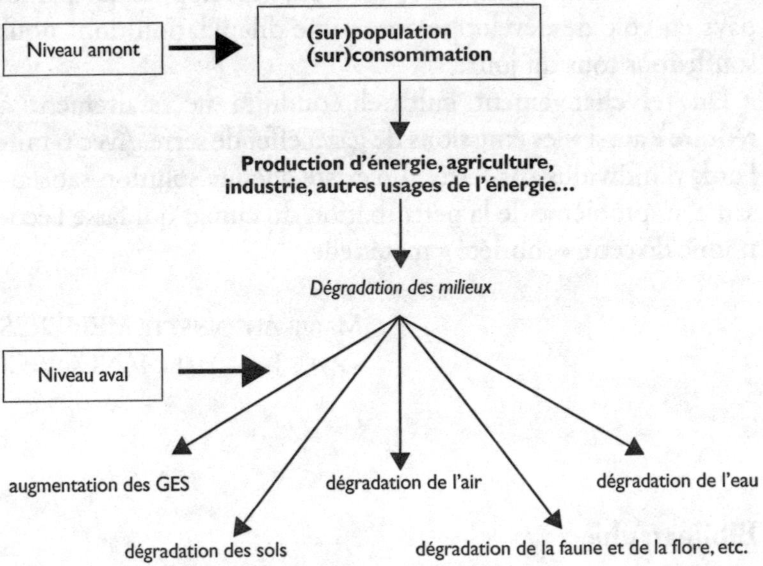

Légende : Les deux niveaux d'action pour un développement durable.
Niveau aval : maîtrise « à l'unité » du problème considéré, par exemple la question du réchauffement climatique par la diminution des GES (mise en place d'énergies sans émission de GES).
Niveau amont : maîtrise de la démographie et de la consommation.

En aval, où l'augmentation des GES accélère le réchauffement climatique et où l'on assiste à la dégradation de l'air, de l'eau, des sols, de la flore et de la faune, il faut diminuer, voire supprimer, les émissions de GES en prenant toutes les mesures nécessaires. En amont, il faut maîtriser la démographie et la surconsommation, qui sont pour l'avenir, et déjà à l'heure actuelle, les deux écueils principaux du développement durable.

Pour notre pays, favoriser les valeurs qui ne soient pas d'abord basées sur la consommation matérielle est un objectif fondamental. Nous éviterons ainsi de dilapider sans retour quantité de ressources de la planète, tant par les pays développés que par les pays en voie de développement : une dilapidation dont nous souffrirons tous un jour…

Un tel changement culturel conduira nécessairement à réduire « aussi » les émissions de gaz à effet de serre. Avec 6 milliards d'individus sur terre, il n'existe aucune solution satisfaisante au problème de la perturbation du climat qui fasse l'économie de cette « sobriété » matérielle.

MARIE-ANTOINETTE MÉLIÈRES
AVEC JEAN-MARC JANCOVICI

Bibliographie

Ouvrages de vulgarisation

DESSUS, Benjamin, *Énergie, un défi planétaire*, Belin, 1999.

LAMBERT, Gérard, *La Terre chauffe-t-elle ?*, EDP Sciences, 2001.

LE TREUT, Hervé, et JANCOVICI, Jean-Marc, *L'Effet de serre*, Flammarion, coll. « Dominos », 2001.

MINSTER, Jean-François, *Les Océans*, Flammarion, coll. « Dominos », 1997.

INSTITUT FRANÇAIS DE L'ENVIRONNEMENT, *L'Environnement en France*, La Découverte, 1998.

RASOOL, Ichtiaque, *Système Terre*, Flammarion, coll. « Dominos », 1993.

SADOURNY Robert, *Le Climat de la Terre*, Flammarion, coll. « Dominos », 1994.

Ouvrages plus techniques

DUPLESSY, Jean-Claude, et MOREL, Pierre, *Gros Temps sur la Planète*, Odile Jacob, 1990.

JOUSSEAUME, Sylvie, *Climats d'hier à demain*, CNRS Éditions, 1999.

MEGIE, Gérard, *Ozone, l'équilibre rompu*, Presses du CNRS, 1989.

Pour lecteurs avertis

IPCC, *Climate Change 2001, The Scientific Basis*, Cambridge University Press, 2001 (peut se commander en ligne sur www.cup.cam.ac.uk).

Sites Internet

Fondation Nicolas Hulot : www.fnh.org

Groupe intergouvernemental sur l'évolution du climat (GIEC, en anglais IPCC pour International Panel on Climate Change) : www.ipcc.ch

Dossier « climat » du CNRS (responsable scientifique Marie-Antoinette Mélières) : www.cnrs.fr/dossiers/dosclim

Jean-Marc Jancovici : www.jancovici.com/documentation/serre

Institut français de l'environnement : www.ifen.fr

Statistiques sur l'énergie : www.minefi.gouv.fr/minefi/pratique/energie/index.htm

Agence de l'économie et de la maîtrise de l'énergie (ADEME) : www.ademe.fr

World Resource Institute : www.wri.org

7. L'impact des loisirs

Ce qu'il faut savoir

Le loisir signifie la rupture avec le cortège des obligations du monde du travail, un temps pour l'oisiveté et pour des occupations librement choisies. Sa durée n'a cessé de croître, à tel point qu'il est devenu la part centrale de notre existence, même si le « temps libre » ou libéré par rapport au travail n'est pas nécessairement du loisir : faire la cuisine peut être un plaisir, mais aussi être perçu comme une nécessité lourde et fatigante (de même pour les courses, les travaux ménagers, l'éducation des enfants…).

Nous disposons aujourd'hui, dans les pays développés, de cinq fois plus de temps libre qu'au début du XXe siècle, et il est désormais deux fois et demie supérieur à notre temps de travail. Cette moyenne tient compte d'une entrée souvent tardive des jeunes sur le marché du travail et de l'allongement de la durée de vie, qui permet une retraite longue et active à beaucoup. Dans l'économie domestique, la part du loisir est également très importante, puisqu'il représente désormais un quart du budget des ménages.

Le loisir répugne à la contrainte, et donc aussi à l'examen de ses effets. C'est sans doute une des raisons pour lesquelles nous n'associons pas spontanément loisir et environnement. Pourtant, l'importance même du premier doit nous conduire à examiner ses répercussions sur le second. Il y a plus de trente ans déjà, Jean Fourastié notait que le loisir pouvait détruire ou dégrader le loisir : « Tel l'enfant qui casse ses propres jouets, le vacancier excessif défigure les sites, pollue l'atmosphère, rompt le calme à la recherche desquels il était précisément parti. » Qu'écrirait-il aujourd'hui ! On peut faire sans peine la longue liste des effets négatifs de nombreux loisirs sur l'environnement. À y regarder de plus près, on peut distinguer trois types.

Trois types de loisirs significatifs

Certains loisirs ont un effet d'agression directe. Ainsi, la chasse, activité « naturelle », a une incidence directe sur la faune, si l'on excepte les chasses visant à réguler l'écosystème. Les chasseurs, amoureux de la nature, récusent l'idée d'en être des agresseurs. Ils s'en prétendent même souvent les meilleurs défenseurs. Il est pourtant objectivement impossible de les suivre dans cette opinion.

De nombreux sports sont de même directement « agressifs » pour l'environnement : sport automobile tout terrain, compétitions de motos (comme l'Enduro du Touquet), tauromachie, pêche au gros… D'autres, en apparence « doux » comme le ski ou le golf, nécessitent des infrastructures considérables et des paysages entièrement remodelés. Des activités de détente comme les rave-partys laissent derrière elles des paysages désolés.

Une caractéristique commune à ces loisirs est de se prévaloir paradoxalement de l'argument écologique, de l'amour de la nature, de la rupture avec la ville polluée et ses règlements : ils se pratiquent au contact direct de la nature ou relèvent de longues traditions régionales (combats de coqs, chasse à la palombe ou au gibier d'eau…), ou, comme dans les rave-partys, ils sont revendiqués au nom de la liberté sans entraves ni contraintes. Quelle que soit la sincérité des protagonistes de ces activités, il est impossible de fermer les yeux sur leurs conséquences pour l'environnement (ne parlons pas des désagréments subis par le voisinage immédiat).

Une deuxième série de loisirs paraît de prime abord neutre, sans effet apparent sur l'environnement : télévision, lecture… Il faut néanmoins savoir que l'une et l'autre supposent des matières premières, une production industrielle, de l'énergie consommée. Ainsi livres et journaux exigent de grandes quantités de bois (pour le seul papier journal, plus de 1 300 tonnes de papier sont consommées chaque jour dans le monde ; il faut 5 stères de bois pour 1 tonne de papier : on mesure donc l'ampleur de la déforestation). Des activités aussi innocentes, en apparence, que le shopping ont changé d'échelle avec le développement des grandes surfaces : les consommateurs se rendent en automobile à l'hypermarché de périphérie, et ils stockent leurs produits dans des congélateurs, qui consomment d'autant plus d'énergie que les produits sont achetés par lots hautement conditionnés ou emballés dans des films plastiques. La pollution et les nuisances seraient quatre fois moindres si les consommateurs fréquentaient le supermarché qui se trouve à 500 mètres.

Les vacances de masse et leur mondialisation ont des répercussions multiples sur l'environnement. De nombreux paysages ont été défigurés par les constructions sur le littoral avant que les États ne légifèrent sur ce point. Rappelons que c'est la loi « Littoral » qui a interdit en France, en 1986 seulement, toute construction sur une bande de 100 mètres le long du littoral. Mais aujourd'hui, 92 % de la Côte d'Azur sont urbanisés, et le Bassin méditerranéen est la première destination touristique de la planète. Cependant, le tourisme étant une importante source de revenus pour de nombreux pays, les responsables politiques nationaux et encore plus locaux ferment souvent les yeux sur ces considérations de sauvegarde des milieux naturels.

L'abaissement du coût des transports aériens, à l'évidence souhaitable pour des raisons de démocratisation, de désir d'évasion et de dépaysement, ou encore d'échanges entre nations et continents, a accru considérablement le nombre de touristes dans tous les points du monde. En 1950, on dénombrait environ 25 millions de touristes ; on estime qu'ils seront un milliard en 2010. La France est particulièrement concernée par l'afflux touristique : l'endroit de France le plus visité est… la forêt de Fontainebleau, avec treize millions de visiteurs annuels (devant Eurodisney et Notre-Dame de Paris, douze millions de visiteurs chacun).

Le résultat est très négatif pour l'environnement : pollutions atmosphériques, constructions ou extensions d'aéroports, programmes immobiliers parfois considérables dans des zones littorales et montagnardes jusque-là préservées, afflux de touristes dans des endroits inaptes à gérer les questions d'environnement…

Les touristes eux-mêmes sont en général peu sensibles à l'environnement, ou ne perçoivent guère les atteintes à l'environnement qu'ils génèrent. Quand ils sont interrogés, ils rendent responsables au premier chef les constructeurs de complexes immobiliers (mais seulement 5 % des Européens estiment que l'« exploitation touristique sauvage de certaines zones de littoral et de montagne » est une atteinte à l'environnement). Ils ignorent, ou veulent ignorer, leur part dans les déchets rejetés dans la nature, alors qu'une bouteille ou un sac en plastique peut mettre quatre cent cinquante ans à disparaître, et une canette en aluminium deux cents ans…

Malgré leurs affirmations, les vacanciers restent peu sensibilisés à l'environnement en dehors de quelques opérations « vacances propres » qui demandent quelques gestes simples. Ils sont obnubilés par l'arrivée à destination la plus rapide et par le confort offert. Les chaînes hôtelières qui ont tenté un effort d'intégration de l'environnement dans leurs pratiques n'ont guère été comprises : on les a soupçonnées de chercher à accroître leurs profits grâce à des alibis écologiques.

Il existe un troisième type de loisir, celui qui cherche positivement le contact avec la nature. Les « vacances vertes » sont guidées en principe par l'attirance et le respect pour elle. La randonnée est devenue un loisir à la mode : trois millions de personnes en France la pratiquent régulièrement. De même, trois millions de visiteurs, dont 20 % d'étrangers, fréquentent chaque année les réserves naturelles françaises. Mais la surfréquentation ne favorise guère le respect des sites. Des milliers de sacs-poubelles sont abandonnés dans la nature. Dans les rivières comme l'Ardèche, le succès du canoë-kayak entraîne la destruction de la faune et de la flore, d'autant plus que, en été, le niveau de l'eau est au plus bas. Les îles et les îlots du littoral français, envahis eux aussi par les touristes en été, ont des problèmes d'approvisionnement en eau et sont menacés par les déchets amoncelés, par le piétinement des sites, la cueillette…

La plongée sous-marine illustre parfaitement l'ambiguïté d'une pratique pourtant associée à l'amour de la nature. En mer Rouge, les endroits favorables pour plonger reçoivent chaque jour la visite d'une centaine de plongeurs. Leurs mouvements de palmes répétés par milliers soulèvent les fonds sableux et asphyxient les coraux. Ne parlons pas des prélèvements de souvenirs marins (coquillages…), des ancres jetées sur les récifs, de la nourriture apportée aux poissons qui modifie leurs habitudes de consommation.

D'autres comportements manifestent les mêmes paradoxes. La possession d'animaux domestiques relève de nombreuses raisons, mais elle est en général basée sur une réelle affection pour eux. Elle a malheureusement des conséquences fortes pour l'esthétique et la propreté urbaines, puisqu'ils laissent 15 tonnes de déchets quotidiens sur les trottoirs.

Ce qui pourrait être fait

On ne saurait évidemment restreindre les loisirs en général sous couvert de protection de l'environnement. Il s'agit seulement de montrer l'impact incalculable de comportements en apparence insignifiants, dès lors qu'ils sont répétés des millions de fois. Chacun a donc individuellement une responsabilité forte, mais le problème est également politique dans la mesure où l'information et les incitations individuelles passent largement par des médiations et des institutions. C'est pourquoi nous estimons qu'il serait utile d'instaurer une charte écologique du loisir, basée sur cinq points.

1. L'élaboration d'une charte éthique du voyageur. Certains voyagistes l'appliquent déjà. Elle a pour objectif de sensibiliser les voyageurs au respect de la culture et de la nature dans les endroits qu'ils visitent. Elle devrait être distribuée à tous les participants à des voyages organisés. Les tours-opérateurs devraient être incités à s'engager activement dans la protection et le développement de l'environnement des pays visités (quelques sociétés proposent dans leur catalogue des actions environnementales pour certaines destinations).

2. La création d'une vraie direction de l'environnement, dotée de réels pouvoirs, au ministère de la Jeunesse et des Sports et au ministère du Tourisme. Elle aurait pour objectif de repenser et de suivre tous les aspects concernant l'environnement dans les activités liées au tourisme et aux sports (pour ces derniers, il faudrait sensibiliser les fédérations sportives).

3. La définition d'une convention sur l'environnement pour l'ensemble des chaînes hôtelières européennes. Elle établirait les obligations minimales de l'hôtellerie, les actions à entreprendre et l'information qu'elle devrait assurer auprès du public.

4. Une réflexion sur les infrastructures nécessaires à une réelle politique des loisirs. Elle pourrait réunir toutes les parties concernées : professionnels des loisirs (ceux des parcs d'attractions, par exemple), élus locaux, représentants des associations de protection de l'environnement, des associations de loisir. Cette concertation pourrait s'étendre à de nombreux problèmes actuels (les pistes cyclables, par exemple) et aux tendances futures (l'association entre loisirs et grande distribution, entre autres).

5. L'instauration de règles contraignantes en matière de nouvelles installations. Eurodisney, Futuroscope, Astérix, Nausicaa : les parcs d'attractions ont le vent en poupe. Toutefois, les conséquences pour l'environnement peuvent être énormes, à la mesure même de leur taille considérable (les travaux pour le parc Vulcania en Auvergne en sont une illustration). Il importerait donc que tout projet nouveau soit examiné par la Commission nationale du débat public et que les promoteurs de tels projets s'engagent sur la voie d'une certification ISO 14 000 (c'est-à-dire d'une normalisation environnementale). Faute de quoi, le permis de construire ne serait pas accordé.

THIERRY LIBAERT

8. Quel droit de l'environnement ?

Ce qu'il faut savoir

1. L'émergence récente d'un droit

Des problèmes de pollutions, naturelles ou artificielles, ont certainement existé avant les années 70, mais la prise de conscience de leur existence et l'idée d'un droit de l'environnement sont seulement apparues à ce moment-là. Des procès internationaux, en particulier pour pollution des mers et de leurs ressources (on s'est mis à parler de « mer poubelle »), ont joué un grand rôle. Les comportements pollueurs ont alors été considérés non plus seulement comme anormaux, mais comme illicites. Auparavant, le droit connaissait la notion d'« abus » (par exemple : ne pas utiliser sa propriété pour troubler le voisinage), mais il s'agissait toujours de protéger la propriété contre la propriété – donc des droits de même nature –, et non pas l'environnement contre la propriété.

L'environnement n'était pas, au fond, considéré comme une valeur. C'était plutôt un bien consommable comme un autre, et les atteintes à l'environnement qu'on pouvait déplorer étaient considérées avant tout comme des erreurs de jugement ou des fautes de goût : de ces derniers on pouvait discuter, mais si tout était discutable, rien ne pouvait être tranché. Le « droit de l'environnement » se résumait à un « droit de détruire canalisé »[1]. Le mot « environnement » lui-même n'apparaissait guère dans les lois et règlements, et c'est en fin de compte grâce à l'action des juges, et non pas grâce au législateur, qu'il a fait son entrée dans le droit. Les litiges opposaient des associations de protection de la nature ou des associations professionnelles (par exemple des syndicats de marins pêcheurs) aux industriels, ou même des industriels entre eux (car la pollution n'épargne personne, pas même ceux qui la provoquent).

Les procès d'environnement qui ont suivi ont permis de faire apparaître la véritable dimension des conflits et, surtout, d'établir la hiérarchie des valeurs à prendre en compte. En effet, au nom de quoi interdire à une société italienne de grand renom de déverser ses produits chimiques à hauteur de 3 000 tonnes par jour dans la Méditerranée ? On répondait que la question ne se posait pas : la mer n'est-elle pas vaste ? De même, au nom de quoi interdire la pollution atmosphérique alors que l'espace est infini ? Le même raisonnement pouvait valoir pour un pétrolier qui fait naufrage, mais la pollution de l'*Amoco Cadiz* (mars 1978) a dépassé les bornes : dans le procès qui a suivi et qui a duré quatorze ans (aux États-Unis), l'État français allié aux mairies bretonnes l'a emporté sur la sixième compagnie pétrolière au monde.

On peut dire qu'en l'occurrence les diverses procédures engagées ont créé du droit. Il a fallu recourir à des expertises, montrer qu'au-delà des dommages visibles (côtes abîmées, oiseaux mazoutés…), le déversement massif de produits chimiques dans la mer obscurcit la lumière du soleil, altère la vie, empêche le phytoplancton comme le zooplancton de se développer, et donc

1. Pour reprendre les termes de Martine Rémond-Gouilloud, dans son petit livre toujours à lire : *Du droit de détruire : essai sur le droit de l'environnement*, PUF, 1989.

diminue la pêche. Autrement dit, il fallait raisonner en termes économiques, et montrer que les ressources touristiques de la Corse ou de la Bretagne valaient bien une partie du chiffre d'affaires de l'industriel et du pétrolier qui avaient pollué leurs côtes. Dans un autre procès pour pollution, intenté dans des années 70 par les marins pêcheurs de la baie de Seine aux industriels de la chimie, les emplois créés par la pêche ont été opposés à ceux induits par l'usine chimique de Honfleur. De même pour la pollution du Rhin par le déversement de sel dû aux mines de potasse d'Alsace : on pouvait mettre en avant la diminution d'eau potable en Hollande et donc l'atteinte au principe de solidarité des riverains d'un même fleuve. Avant l'insertion de l'environnement dans le droit, l'importance des incidences économiques a été de même le premier facteur qui a obligé les institutions nationales et internationales à prendre en compte ces conflits. Les premières directives européennes (sur le dioxyde de titane, sur l'eau potable) viennent en droite ligne de l'affaire Montedison en Méditerranée et de la pollution du Rhin.

En France, l'évolution de la législation a connu deux phases. La première, dans les années 70-80, a concerné les déchets, la protection de la nature, les installations classées, les produits chimiques. La seconde, dans les années 90, s'est traduite par les lois sur l'eau et sur l'air, l'établissement des principes généraux du droit de l'environnement, l'actualisation des anciennes lois (sur les déchets et les installations classées). Parallèlement, s'est constitué tout un arsenal de directives européennes (plus de 200 textes !) sur toutes sortes de sujets : l'eau, l'air, le sol, le bruit, les déchets, les installations dangereuses, la protection de la nature…

Un ancien ministre de l'Environnement pouvait dès lors déclarer que « si nous avons en France (on pourrait ajouter : en Europe) une centaine de lois et plusieurs centaines de décrets pour l'environnement, nous n'avons réellement qu'un droit de l'environnement ». Peut-on vraiment le suivre dans cette affirmation ? Ne doit-on pas faire le partage entre vraies et fausses réformes du droit de l'environnement ?

2. Où en est le droit de l'environnement ?

Si l'on peut affirmer que les textes sur l'environnement sont légion, mais qu'il n'y a pas vraiment de droit de l'environnement, que faut-il en conclure ? Que trop de droit tue le droit, ou simplement que les droits affichés ne sont guère efficaces ?

Depuis septembre 2000, nous sommes dotés d'un « Code de l'environnement ». Il contient toutes les grandes lois sur le sujet, ainsi que d'autres codes qui le concernent directement ou indirectement, comme le Code rural ou le Code de la santé publique. L'ensemble représente en apparence un bloc solide de six livres, forts de 600 articles, traitant successivement des principes généraux et des institutions communes, de la protection des milieux physiques, des espaces naturels, de la faune et de la flore, de la pêche et de la chasse, de la lutte contre les pollutions. La partie réglementaire (de 2 000 à 3 000 articles) reste à venir (en principe en février 2002). Nul ne peut donc dire que le droit de l'environnement est indigent. En revanche, on doit se poser la question : est-il efficient ? À quoi sert-il ou à quoi veut-on qu'il serve ? Pour répondre à cette question, un bref regard sur le passé s'impose.

a) Bref rappel historique

Le droit de l'environnement n'est pas absolument nouveau. Dès le XVIIIe siècle, et plus encore au XIXe siècle, s'est mise en place une protection juridique des eaux, des forêts et du sol, de la faune et de la flore. Le droit représente alors un droit de protection de ces éléments contre les nuisances (et les pollutions, même si le mot n'est pas encore présent). Il faudrait en réalité parler d'un droit sur l'environnement. Par exemple, en 1810, la législation des établissements dangereux, incommodes et insalubres, pour le voisinage et pour la santé, consiste à éloigner les habitations des nouvelles industries avec leurs nuisances (le droit actuel de l'environnement joue dans l'autre sens !). Surtout, c'était une manière de conférer à l'État – et non aux maires – le développement du commerce et de l'industrie en France. On peut dire que l'environnement était l'« occasion » du droit, mais non pas son « objet ».

C'est seulement dans la seconde moitié du XXe siècle qu'apparaît un vrai changement d'orientation, avec la loi sur la pollution atmosphérique, brève mais consistante (1961), et surtout avec la loi sur l'eau (1964), qui crée les Agences de bassin (aujourd'hui « Agences de l'eau »), très importantes pour la gestion de l'eau et la lutte contre la pollution. Mais on notera l'insuffisance de cette loi, qui réprime d'une simple contravention la pollution des eaux douces (sauf cas d'atteinte à la pêche).

En réalité, ce droit de l'environnement repose fortement sur un modèle administratif, c'est-à-dire sur le système de l'autorisation préalable. Une perspective très différente intervient seulement en 1976, avec l'institution des études d'impact obligatoires : l'auteur d'un projet public ou privé ayant une incidence sur l'environnement est tenu de faire réaliser une étude sur l'état initial du site, les effets du projet sur l'environnement et les correctifs à lui apporter éventuellement pour réduire les atteintes. Les tribunaux administratifs se sont en général efforcés de rendre cette obligation effective.

b) La situation actuelle

Le droit de l'environnement doit se comparer à d'autres droits, avec lesquels il peut entrer en concurrence ou en conflit. Or, on constate qu'il n'est nullement supérieur à d'autres droits, tels ceux de la construction, de l'urbanisme, de l'aménagement rural ou agricole, des grandes constructions publiques. Deux autres limites confirment l'idée qu'un véritable droit de l'environnement n'existe pas encore.

• Tout d'abord, dans la hiérarchie des normes, il ne s'agit pas d'une valeur supérieure affirmée comme telle. Comme on sait, dans le système juridique, la loi constitutionnelle l'emporte sur le droit ordinaire, la loi sur le décret, le décret sur l'arrêté... Peu importent ici les débats complexes qui peuvent intervenir à propos de cette hiérarchie. Ce qui importe, c'est que le droit de l'environnement n'est pas reconnu dans le droit constitutionnel français. Dans les conflits qui surgissent entre impératifs sociaux et environnement, ou entre intérêts économiques et environnement, il est au mieux traité à égalité avec les autres droits. On oublie ainsi ce qu'il a de fondamental.

Un droit à l'environnement a certes été reconnu par la Cour européenne de Strasbourg, mais en le démarquant du droit au domicile, et en n'en faisant pas encore un droit vital. De son côté, le Pacte européen de solidarité en a fait un droit mou en créant un vague devoir des États à son égard. Les juges auront bien du mal à faire appliquer un « vague devoir »...

• En second lieu, avec l'environnement, on est passé assez brutalement d'un objectif simple à un objectif complexe. La complexité concerne en particulier les relations entre pollutions et environnement : des affaires récentes – vache folle, poulet à la dioxine... – concernent à la fois le droit de la santé, celui de la consommation, celui des déchets ainsi que le droit pénal de l'environnement. Il en va de même pour les causes et les responsabilités dans les pluies acides ou le réchauffement climatique. La notion de risque a également changé : pour les OGM, on est dans un univers d'incertitude qui ne relève pas de la prévention, mais de la précaution. Les responsabilités, à supposer qu'il y ait une ou des causes nettement identifiables, sont diffuses et insaisissables.

De plus, en « extension », le droit de l'environnement a vocation à devenir le droit de l'humanité tout entière (Georges Vedel). Du point de vue théorique, il est donc défié par son propre développement et par ses ambitions, tandis que, du point de vue pratique, les citoyens que nous sommes sont surtout intéressés par son efficience par rapport à des objectifs de protection effective.

De quel droit de l'environnement avons-nous besoin ?

L'orientation des dernières années n'a plus seulement consisté à réparer les dommages commis et à protéger de façon statique le patrimoine existant, mais à préserver l'avenir des générations futures, à leur transmettre une « Terre humaine ». Le droit de l'environnement doit évoluer dans ce sens et inventer des techniques nouvelles, en tout cas différentes, de celles qu'il a mises en œuvre jusqu'à présent.

A priori, un tel changement n'est pas aussi aisé qu'on pourrait le croire. En effet, le droit de l'environnement, on l'a vu, est né par le biais du juge qui avait à évaluer les responsabilités en cas d'atteinte à la nature. Autrement dit, la constatation et même la condamnation « après coup » d'une atteinte ne protégeaient pas, en soi, l'environnement. Admettre qu'il y a un responsable d'un dommage causé à l'environnement et qu'il doit réparer ce dommage, c'est admettre le principe même de l'atteinte. Tout au plus pouvait-on espérer un effet de dissuasion en raison des peines encourues. Le premier objectif d'un droit de l'environnement moderne doit donc être celui de l'intervention en amont, et non plus un simple correcteur de l'aval. L'environnement doit aujourd'hui interpeller les conduites et appeler à la réflexion : voilà l'exigence du présent, et le droit doit être à sa hauteur.

Les grands principes fondateurs

En réalité, nous ne sommes pas totalement démunis pour envisager la mise en place d'un tel droit. La conférence de Rio en 1992 et l'Acte unique européen (1987) ont apporté des éléments utiles pour déterminer les règles du développement durable et les grands principes fondateurs du droit de l'environnement. Il suffit de les reprendre ici tels qu'ils sont définis dans le Code de l'environnement.

« Les espaces, ressources et milieux naturels, les sites et paysages, la qualité de l'air, les espèces animales et végétales, la diversité et les équilibres biologiques auxquels ils participent font partie du patrimoine commun de la nation.

« Leur protection, leur mise en valeur, leur restauration, leur remise en état et leur gestion sont d'intérêt général et concourent à l'objectif de développement durable qui vise à satisfaire les besoins du développement et la santé des générations présentes sans compromettre la capacité des générations futures à répondre aux leurs. Elles s'inspirent, dans le cadre des lois qui en définissent la portée, des principes suivants.

« • Le principe de précaution, selon lequel l'absence de certitudes, compte tenu des connaissances scientifiques et techniques du moment, ne doit pas retarder l'adoption de mesures effectives et proportionnées visant à prévenir un risque de dommages graves et irréversibles à l'environnement à un coût économiquement acceptable. [Il est impératif de noter que le principe de précaution est donc un principe d'action, un point souvent ignoré par ses détracteurs.]

« • Le principe d'action préventive et de correction, par priorité à la source, des atteintes à l'environnement, en utilisant les meilleures techniques disponibles à un coût économiquement acceptable.

« • Le principe pollueur-payeur, selon lequel les frais résultant de mesures de prévention, de réduction de la pollution et de lutte contre celle-ci doivent être supportés par le pollueur.

« • Le principe de participation, selon lequel chacun doit avoir accès aux informations relatives à l'environnement, y compris celles relatives aux substances et activités dangereuses. »

Même si la formulation de ces principes laisse à désirer, pour le droit de l'environnement ils permettent des avancées à un triple niveau : administratif, législatif et judiciaire.

L'Administration, le politique et le juge

Au niveau administratif français autant qu'européen, les innovations les plus importantes concernent la création de fonds et d'agences d'intervention destinés à répondre aux préoccupations de précaution.

• Les fonds ont un impact avant tout pratique : ce sont des fonds d'indemnisation. C'est ainsi que les victimes de l'*Erika* ont fait appel au FIPOL (Fonds d'indemnisation des accidents pétroliers), sans du reste obtenir réelle satisfaction. De son côté, l'État a organisé un système d'indemnisation rapide des victimes de catastrophes naturelles. On doit cependant souligner qu'il y a peu de catastrophes vraiment « naturelles » : la plupart du temps, il s'agit d'amplifications des catastrophes naturelles par l'œuvre et la négligence des hommes. D'autre part, pour utiles qu'elles soient, ces institutions ont l'inconvénient extraordinaire de légitimer par avance la négligence et d'éviter la recherche des vraies causes. En outre, les systèmes d'assurance ou de garantie foncière, par exemple, ont pour limite d'être toujours en retard d'un sinistre.

Les agences sont plus prometteuses. Elles induisent des mécanismes de transversalité. Ce faisant, elles permettent de mener une politique au niveau où les problèmes d'environnement se situent : ils sont toujours complexes et, en général, horizontaux. En tout cas, le principe de créer en avril 2001 une Agence de sécurité environnementale est donc une bonne idée. Mais elle manque de moyens et de crédits, alors que le rôle du ministère de l'Environnement semble avoir de son côté rétréci ces dernières années (et que la fiscalité environnementale dans les années 98-99 a été détournée de ses objectifs).

• On ne peut pas dire que le législateur a produit dans la période récente de grandes lois sur l'environnement, allant dans le sens de la précaution. À la place de la loi sur les sols, une loi d'aménagement du territoire a vu le jour, avec des mesures portant sur l'urbanisme ou l'agriculture, dans lesquelles l'environnement est plutôt en recul.

• Les progrès en matière de précaution sont plutôt venus du juge. Son contrôle s'applique à l'incidence de l'expertise qui a précédé la décision. Il procède à un bilan des avantages et des inconvénients. Il statue en fonction des risques ou des inconvénients. Bref, il va au-delà de la simple étude d'impact, et sa démarche implique une perspective de protection du long terme (quelle que soit la durée de ce « long terme »).

Application du principe de précaution

Ces dernières années, le Conseil d'État et les tribunaux administratifs ont ainsi rendu plusieurs dizaines de décisions appliquant le principe de précaution. Sait-on, par exemple, que le schéma d'aménagement de la région de Lille a été refusé au motif que la conception du développement des voies publiques et des autoroutes était telle qu'elle risquait d'anéantir les captages d'eau potable alimentant l'agglomération lilloise ? Sait-on que le Conseil d'État a validé la décision du ministère de l'Agriculture de suspendre les autorisations administratives du célèbre insecticide « Gaucho », nuisible aux abeilles, alors même que la preuve définitive n'a pu être fournie dans un sens ou dans l'autre ? Des exemples similaires pourraient être donnés pour le droit de la santé ou de l'alimentation. Pour les OGM, l'application du principe de précaution est plus complexe, mais une décision du Conseil d'État de 1998 aurait pu faire utilement réfléchir.

Le principe de précaution se range dans la catégorie des « principes généraux du droit ». Il a le grand avantage de permettre l'unification du droit de l'environnement en favorisant la pénétration du droit international communautaire dans le droit national. Ainsi, l'Organisation mondiale du commerce (OMC) a commencé à appliquer le principe de précaution dans le domaine de l'amiante ; au contraire, il n'a pas prévalu, et c'est dommage, dans sa première approche de la question des viandes aux hormones.

Cependant, il ne saurait être invoqué de façon incantatoire et à la légère. Le juge a ainsi décidé de ne pas l'appliquer en l'absence de toute expertise sérieuse ou en l'absence de tout commencement de preuve quant à l'évaluation des risques. De fait, le droit de l'environnement tend à devenir un droit tourné vers l'expertise et l'évaluation des risques, en raison précisément des avancées scientifiques et techniques et non pas, comme on l'a prétendu, contre elles.

Aujourd'hui, de nouveaux acteurs, autres que le juge, semblent intervenir : nous voulons parler des parlements ou des administrations. Cependant, la « méthode de travail » des juges plus que leurs décisions devrait baliser l'avenir. En effet, leurs décisions supposent le débat contradictoire, alors que c'est fort peu le cas jusqu'à présent dans le travail parlementaire, et encore moins dans les administrations. Si les débats sur les OGM avaient été complets et rigoureux, y aurait-il eu autant de voies de fait ? Si les antinucléaires avaient été moins isolés et méprisés, l'opposition au nucléaire aurait-elle été aussi rigide ?

L'élaboration d'un droit de l'environnement devrait s'en inspirer, c'est-à-dire reprendre les règles de procédure qui ont fait leurs preuves : règles pour l'organisation et le déroulement des enquêtes, des conférences de consensus, des audits…

En conclusion, il est intéressant de constater que l'invention de nouvelles règles de droit se fait souvent à travers les entreprises et les collectivités publiques, par exemple lorsqu'elles se fixent des normes ISO, des programmes de développement durables ou encore lorsqu'elles élaborent des chartes. Cet ensemble de normes éthiques et comportementales ne peut pas créer un climat négatif pour le développement du droit de l'environnement.

Rangé définitivement du côté des droits de l'homme, ce dernier n'a pas nécessairement à faire la course dans la hiérarchie des normes. S'il parvient simplement à un début de modification des processus de décision, publics ou privés, le reste, gageons-le, devrait suivre.

En d'autres termes, il cessera d'être uniquement l'affaire de quelques juristes et spécialistes du droit, mais deviendra l'affaire de tous les citoyens attentifs à la Terre de demain. Mais combien de catastrophes nous faudra-t-il pour devenir non seulement raisonnables, mais surtout rationnels ?

CHRISTIAN HUGLO

Bibliographie

HUGLO, Christian, et MALAFOSSE, Jean de, *Code de l'environnement*, Litec, 2001.

PRIEUR, Michel, *Droit de l'environnement*, Dalloz, 2001.

9. Éduquer les jeunes – et les moins jeunes – à l'environnement

Ce qu'il faut savoir

Éducation à l'environnement

Éduquer à l'environnement ne se limite pas à manifester de l'intérêt pour les questions d'écologie et à insister sur la préservation de la « nature », sur la protection de l'eau, de l'air, des plantes et des animaux. Il ne s'agit pas simplement de conserver quelque chose qui est en dehors de nous ou devant nous. L'environnement englobe la communauté humaine, non seulement les liens des hommes avec la nature, mais leurs rapports entre eux. La qualité, la beauté, le maintien de l'environnement sont nécessaires pour une vie humaine meilleure. Respecter l'environnement, c'est respecter autrui, de même que le souci de l'environnement chez les autres me permet de vivre dans un monde plus agréable. Réciproquement, parler d'environnement sans le respect des autres, sans le sens de la solidarité et la fraternité interhumaines, est une contradiction dans les termes.

Une seconde remarque s'impose. L'environnement ne se réduit pas à une juxtaposition d'éléments de toutes sortes, humains compris, mais il « fonctionne » comme une totalité organisée, dont les composantes agissent les unes sur les autres et sont solidaires. Altérer une de ces composantes peut se révéler lourd de conséquences pour l'ensemble.

Par exemple, comme on l'a déjà noté, la dégradation et la raréfaction de l'eau terrestre ont des effets en chaîne sur toute la vie – végétale, animale, humaine – qui vit d'elle et gravite autour d'elle, mais aussi des conséquences plus ou moins lointaines dans le temps et l'espace : les populations du Tiers Monde sont particulièrement menacées par le manque d'eau, et le contrôle de l'eau est devenu un enjeu majeur, source de conflits potentiels. D'un autre côté, le mauvais usage que chacun peut faire de l'eau (gaspillage, pollution…) représente sans doute en lui-même pas plus que la perte d'une goutte d'eau, mais, multiplié par des millions ou par milliards, il peut devenir catastrophique. Chacun a donc sa part de responsabilité dans la préservation de la nature.

D'une certaine manière, l'objectif essentiel d'une éducation à l'environnement est ainsi d'emblée souligné. Nos sociétés sont celles des individus atomisés, ce sont les sociétés de la séparation, de la spécialisation, de la parcellisation, dans un environnement urbain et technologique où la nature est largement absente, où elle nous parvient souvent de manière indirecte, déjà largement transformée. Ces conditions de vie jouent contre la solidarité de base, et les liens qui unissent tous les éléments de notre environnement naturel et humain, elles les rendent invisibles ou insensibles pour la plupart d'entre nous – ce qui explique du reste nos attitudes souvent inconséquentes : nous sommes volontiers « écologistes » dans tel domaine, mais pas du tout dans tel autre ; nous voyons bien les problèmes ici – quand ils sont à notre porte et nous atteignent directement –, mais nous les ignorons là, parce qu'ils ne nous touchent pas, ou pas encore, alors qu'il se pourrait qu'ils soient plus graves. L'éducation pour l'environnement a pour fonction de rendre les jeunes et les moins jeunes sensibles à l'omniprésence et à l'unité des questions d'environnement, à la fois par des connaissances théoriques et des enseignements pratiques.

Il faut certes éviter de mettre la « citoyenneté » à toutes les sauces. Néanmoins, les relations entre l'homme et la nature, ou l'homme et l'environnement, impliquent aujourd'hui un effort civique de première importance, et ils méritent mieux que le silence ou l'intérêt limité des acteurs de la vie publique nationale et locale, ou la faible place qu'ils occupent aujourd'hui dans le système de l'enseignement et dans l'information des citoyens.

L'environnement dans les médias

À la question : « Pensez-vous que les problèmes de nature et d'environnement occupent dans les médias trop de place, pas assez de place ou suffisamment de place ? », 80 % des Français répondent que cette place n'est pas suffisante.

Les médias jouent certes un rôle important dans la discussion autour de l'environnement. Ils disent cependant moins comment il faut penser que ce à quoi il faut penser, en attirant l'attention sur certains points mais pas sur d'autres. Globalement pourtant, on remarquera la faible place accordée aux questions d'environnement dans les médias français. Cette remarque doit bien sûr être nuancée en fonction des moments et des circonstances (les périodes de crise démultiplient les sujets et les pages consacrées à tel ou tel problème) et en fonction des médias (écrits, audiovisuels ou radiophoniques). Mais en temps « normal », hors crise, l'environnement est faiblement représenté dans la presse écrite française. Alors qu'elle ne cesse de se spécialiser dans des créneaux et vers des publics plus pointus (presse financière, sociale, économique, presse sur la santé-beauté...), on note la quasi-absence en France d'une presse spécialisée dans le domaine environnemental.

Des études montrent que les sujets concernant l'environnement sont dix fois plus abordés par la télévision. Mais la signification de ce traitement meilleur est ambiguë, car l'environnement est le plus souvent traité ou présenté sur le mode spectaculaire (émouvant ou dramatique) et esthétique que sur un mode rationnel, explicatif ou politique. Il est présenté avant tout comme un décor, et non comme un enjeu politique, social et économique.

On note également des disparités de traitement entre les chaînes de télévision. À l'heure actuelle, TF1 diffuse plus de sujets sur l'environnement que sa concurrente France 2. Les « moments de préoccupation environnementale » diffèrent aussi selon l'heure de la journée : les thèmes naturalistes (animaux, végétaux, événements liés au cycle naturel) sont plus souvent présentés à la mi-journée, tandis que les problèmes de la politique de l'environnement et de l'énergie sont davantage présentés dans les journaux télévisés du soir, dont la visée est clairement nationale.

Au vrai, les médias ajustent leur traitement de la question « environnement » en fonction des attentes et des compétences supposées de leur auditoire et aussi selon la capacité présumée de ce dernier à y voir un problème politique et économique. Ils prennent certes régulièrement le pouls de leur public par l'intermédiaire de sondages. Mais chacun met ce qu'il veut sous le mot « environnement », et demander aux Français de se sentir concernés donne des résultats approximatifs et contestables. C'est pourquoi la corrélation entre les préoccupations des médias et celles des citoyens mériterait d'être réajustée.

L'information existe donc, mais des besoins d'informations importants ne sont pas couverts et passent par d'autres lieux d'expression et de débat. Les « conférences de citoyens », instaurées tardivement en France (par rapport au nord de l'Europe), sont à cet égard un lieu pertinent, à explorer davantage.

Ce qu'il faudrait faire

À l'école

À l'école se forment les capacités d'observation et de raisonnement, ainsi que les comportements de l'adulte de demain. Elle n'en est plus le seul vecteur, loin de là, mais son rôle demeure essentiel.

La première question qui se pose est : faut-il faire de l'éducation à l'environnement, ou de l'enseignement de l'environnement, une discipline à part ? Nous répondons : en principe et en général non, car ce serait une fois de plus enfermer les questions d'environnement dans une matière d'enseignement, et donc les singulariser et les marginaliser. Toutes les disciplines devraient, à leur niveau, assumer la part qui leur revient, même si certaines – biologie, géographie, éducation civique… – sont plus concernées que d'autres. Il s'agit de rendre les jeunes sensibles aux divers problèmes d'environnement que connaît aujourd'hui la planète, avec leurs interactions de toutes sortes, en les reliant constamment aux attitudes et aux comportements de chacun, à la responsabilité de chacun dans cette situation et à ce qu'il est au pouvoir de chacun de changer dans le cadre d'une « citoyenneté écologique ». C'est un enseignement à la fois théorique et pratique (se rendre sur le terrain, faire des enquêtes, interroger des spécialistes, changer de comportement…) qui est exigé, et il peut concerner le plus lointain comme le plus proche, des problèmes planétaires comme des situations locales.

Cet enseignement a-t-il sa place aujourd'hui dans les programmes ? Nous répondons non, ni en amont dans leur élaboration ni en aval dans le suivi par les inspecteurs de l'Éducation nationale et dans les contrôles de connaissance actuellement en place (brevet, baccalauréat). S'il y a de nombreux enseignants motivés à titre personnel pour un tel enseignement, on ne saurait en dire autant du ministère de l'Éducation nationale. Les tentatives des ministères de l'Environnement successifs pour travailler en partenariat avec ce dernier ont souvent échoué. L'éducation à l'environnement était davantage présente il y a dix ans dans les soucis du ministère de l'Éducation qu'aujourd'hui.

En 1993, le ministère de l'Environnement avait lancé avec succès, en liaison avec le ministère de l'Éducation nationale, l'opération « Mille défis pour ma planète ». Il avait demandé à ses collaborateurs de rencontrer régulièrement ceux de l'Éducation nationale pour harmoniser les politiques et réaliser des opérations communes. Cette action s'est poursuivie pendant quelque temps. On ne saurait dire qu'elle continue vraiment aujourd'hui. D'autres ministères sont directement concernés par ces questions et devraient impérativement entrer dans la concertation éducative : celui de la Jeunesse et des Sports, celui de la Recherche et surtout celui de l'Agriculture.

Il n'y a plus aujourd'hui de « pilote » pour stimuler l'éducation à l'environnement. Il importerait pourtant de l'établir, ou de la rétablir, et de lui donner les moyens nécessaires pour intégrer sérieusement l'environnement dans l'enseignement et l'éducation des jeunes, du cours préparatoire à... l'ENA et dans les grandes écoles. Ou encore en médecine : à l'heure actuelle, les conséquences des pollutions et des dégradations de l'environnement pour la santé ne sont pas enseignées aux futurs médecins.

Nous avons évoqué l'entrée dans les examens, car c'est le moyen de donner corps au sérieux d'un enseignement et d'une éducation. Cela suppose également une formation des enseignants qui n'existe pas aujourd'hui : combien d'instituts universitaires de formation des maîtres (IUFM) où le mot « environnement » n'est jamais prononcé ?

Mais l'école ne peut pas tout faire. L'environnement est manifestement un souci qui n'est pas encore partagé par les parents d'élèves (ni par leurs associations). Comme pour l'éducation civique, et en général pour l'éducation tout court, il est bien évident que, s'ils ne suivent pas ou s'ils démissionnent par rapport à ces questions, rien de solide ne se fera.

Pour tous les publics

Le Collectif français d'éducation à l'environnement (CFEE) regroupe une cinquantaine d'organisations, dont la Fondation Nicolas Hulot. Il a élaboré un plan d'action en sept points qui reflète bien ce que souhaite l'ensemble des acteurs de l'éducation à l'environnement en France. Ses propositions, que nous résumons ci-dessous, peuvent servir de base pour mettre en place une vraie politique d'éducation à l'environnement pour tous les publics.

1. Inscrire l'éducation à l'environnement dans une politique globale.

Il n'y a pas de politique globale (interministérielle) cohérente sur ces questions dans notre pays. Aussi la France est-elle absente des débats internationaux à ce sujet. Elle se contente de signer, sans conviction, des accords qui ne sont pas traduits de façon significative dans le droit et dans les orientations politiques (c'est le cas du volet éducatif des accords de Rio, par exemple). Il importerait donc de donner formellement sa place à l'éducation à l'environnement dans les instances politiques à tous les niveaux, nationaux et locaux, et d'en faire partager les enjeux par les citoyens. Les acteurs économiques ne devraient pas rester à l'écart de cette prise de conscience.

2. Une politique à tous les échelons.

La mise en œuvre de l'éducation à l'environnement se fait toujours à une échelle donnée : celle de la commune ou du territoire intercommunal, du département, de la région, de la nation, de la planète. C'est là que les choix et les décisions doivent intégrer le financement d'une telle éducation. Les contrats de plan État-Région, les contrats de pays devraient prendre en compte cette donnée. Il importerait en tout cas d'accorder sa place à cette éducation à chaque échelon du territoire, et de soutenir les réseaux qui existent déjà.

3. Une éducation pour tous et à tous les âges de la vie.

L'éducation à l'environnement est un droit pour tous à tous les âges de la vie. Or, à l'heure actuelle, alors qu'elle devrait atteindre l'ensemble de la population, cette éducation reste élitiste. Elle devrait concerner tous les publics en formation, toucher les milieux professionnels, ne pas être absente des temps et des lieux de vacances et de loisirs. Pour élargir le public, il serait bon de favoriser l'échange entre les générations et les cultures, de sensibiliser le « grand public » à travers les médias, de favoriser l'appropriation de l'environnement par les habitants.

4. La mise en œuvre des projets et des actions sur le terrain.

Les actions sur le terrain se heurtent à de nombreux obstacles financiers et techniques. Il faudrait mieux prendre en compte les statuts complémentaires des divers acteurs : bénévoles, volontaires, professionnels... Cette reconnaissance permettrait d'aider financièrement et de soutenir techniquement le montage de projets, de développer leur encadrement, d'accroître le nombre et la présence d'éducateurs sur le terrain.

5. Enrichir et diffuser les connaissances.

Le développement qualitatif et quantitatif des pratiques éducatives en faveur de l'environnement implique des ressources pédagogiques et des moyens d'accès à ces pratiques. Celles-ci doivent être alimentées par un travail de recherche intégrant praticiens et chercheurs de disciplines très diverses : économie, psychologie, politique, écologie, philosophie... La diffusion de ces connaissances représente un enjeu capital.

Pour en savoir plus

Philippe Robichon, Christian Souchon et Yolanda Ziaka, *Éducation à l'environnement : 6 propositions pour agir en citoyens. Cahiers de propositions pour le XXIe siècle,* Fondation Charles-Léopold-Mayer, octobre 2001.

Collectif français pour l'éducation à l'environnement
16, rue Ferdinand-Fabre – 34090 Montpellier Cedex
Tél. : 04 67 02 25 70 – Fax : 04 67 02 65 41. Internet : http ://www.educ-envir.org/~cfee – E-mail : cfee@educ-envir.org

Voir aussi des propositions issues de la Fondation Nicolas Hulot, sur son site : www.fnh.org :

« Lettre ouverte au président de la République », publiée dans la presse nationale le 24 octobre 1995.

« Mesures pour l'éducation à l'environnement : orientations pour des propositions » (octobre 1995).

« Pour une éducation à l'environnement et à un avenir viable » (janvier 2000).

PIERRE GIOLITTO (SUR L'ÉCOLE)
ET NICOLE D'ALMEIDA (SUR LES MÉDIAS)
AVEC LE CONCOURS DE CÉCILE OSTRIA

10. Industrie et environnement

Environnement et entreprises

L'environnement a longtemps été considéré comme un problème extérieur aux entreprises. Il devient aujourd'hui une composante à part entière de leurs stratégies. Certes, intégrer la « contrainte » environnementale se fait progressivement et inégalement. Mais plusieurs facteurs stimulent son intégration : obligations légales, émergence de nouveaux principes pour évaluer la performance économique et financière, dispositifs d'incitation mis au point par la Commission européenne.

La force du droit

Le dispositif légal évolue de l'obligation d'information vers un dispositif de communication et de concertation. On peut dire que c'est le parcours qui va de la loi du 19 juillet 1976 relative aux installations classées (elle prévoit un dispositif d'information) à la loi Barnier de février 1995 relative à la protection des paysages (elle prévoit la consultation du public et des associations en amont des décisions d'aménagement), en passant par la loi Bouchardeau de juillet 1983 (sur la démocratisation des enquêtes publiques). Les entreprises considèrent souvent que ces dispositifs sont excessivement pointillistes et fastidieux (certaines procédures engageant par exemple la construction d'autoroutes, de lignes électriques et autres TGV durent de dix à quinze ans…) et peu adaptés à leurs intérêts. Sur ce point au moins, elles rejoignent la volonté de réformer les procédures et les modalités des enquêtes publiques (il s'agit de les faire évoluer de la consultation vers un véritable processus de concertation, mené dans une perspective de transparence).

La pression sur les acteurs économiques est donc de type juridique (extension des obligations d'information et de concertation, de prévention et de réparation), mais aussi médiatique (les entreprises sont de plus en plus sous le feu des médias). Elle dépend aussi des réactions locales (mobilisation de l'opinion sur le terrain).

En France, une loi récente (ses modalités d'application ne sont pas encore publiées) demande aussi aux entreprises privées cotées en Bourse d'inclure dans leur rapport financier une « information sur les conséquences sociales et environnementales » de leur activité. On notera le retard français sur ce point (le rapport environnemental est une obligation dans bon nombre d'autres pays, notamment anglo-saxons) et son caractère limitatif, qui exclut les entreprises publiques et de petite taille. Par ailleurs, on exige de plus en plus des entreprises qu'elles ne s'en tiennent pas seulement à la lettre de la loi, mais à son esprit : l'application stricte ne suffit pas et de nouvelles exigences apparaissent.

De nouveaux modes d'évaluation

L'incitation vient ici de nouveaux systèmes d'évaluation des entreprises (quant à leur contribution environnementale) que l'on peut regrouper autour de la notion d'investissement social responsable (ISR) qui prend principalement en compte le respect de l'environnement, les conditions de travail et les droits de l'homme.

• Aux États-Unis, l'indice *Domini 400 Social Index* regroupe 400 entreprises, qui tentent de faire la preuve qu'une société qui respecte ses salariés, ses fournisseurs et son environnement présente moins de risques pour les investisseurs et plus de chances de rentabilité. L'indice *Dow Jones Sustainability* a été créé fin 1999, établissant ainsi des critères non financiers dans l'univers financier. Le critère environnement et développement durable est intégré par un nombre croissant d'entreprises dans l'analyse financière et dans l'orientation des investissements. On dénombre 165 fonds américains utilisant des critères sociaux ou environnementaux ; leur montant est estimé à 2000 milliards de dollars ; ils appartiennent avant tout à des investisseurs institutionnels (notamment caisses de retraite), mais s'ouvrent aux particuliers.

• Se multiplient des agences de notation spécialisées dans l'évaluation sociale et environnementale : *Avanzi* en Italie, *Imug* en Allemagne, *Cercle Info* en Suisse. Les grandes firmes européennes abordent désormais le thème du développement durable, en partie sous la pression des investisseurs anglo-saxons.

• En France, *Arese* a mis au point en 1997 une méthodologie de notation fondée sur cinq critères positifs non financiers, qui permettent d'évaluer différemment la performance des acteurs économiques : les collaborateurs (la gestion sociale), l'environnement, les relations clients-fournisseurs, les relations avec les actionnaires et la société civile. *Arese* fait partie d'un réseau européen et nord-américain de dix agences de notation sociale et environnementale. En 2000 a été créé l'Observatoire de la responsabilité sociale des entreprises (ORSE).

La pression communautaire

En 1993, la Commission européenne présentait le programme « Vers un développement soutenable », qui soulignait le rôle et la responsabilité des organisations en matière de protection de l'environnement et plaidait pour le recours à des mécanismes de marché susceptibles de conduire les entreprises à aller au-delà du respect des exigences réglementaires dans le domaine environnemental. Ce vœu a été assorti en mars 2001 d'un système communautaire de management environnemental et d'audit, proposé aux organisations – EMAS – (et donc remis à leur volonté).

Le *Livre vert de la Commission européenne* (juillet 2001), « Promouvoir un cadre européen pour la responsabilité sociale des entreprises », a relancé le débat et invité les entreprises à prendre en charge de leur propre chef les questions sociales et environnementales, en plus de leurs préoccupations économiques. Comme un fil rouge s'inscrit l'idée selon laquelle les entreprises ont intérêt à aller au-delà des dispositions juridiques minimales dans leurs relations avec les différents acteurs. Dans la foulée du conseil de Lisbonne de mars 2000 et de la proposition de stratégie européenne en faveur du développement durable approuvée par le Conseil européen à Göteborg en juin 2001, le *Livre vert* explique que ces trois composantes peuvent générer une action plus productive et rentable. Le défi consiste à ajuster rentabilité, responsabilité et développement durable, et le message fondamental est que croissance économique à long terme, cohésion sociale et protection de l'environnement doivent aller de pair.

L'investissement social responsable (ISR)

De plus en plus de sociétés se dotent de codes de conduite couvrant les conditions de travail, les droits de l'homme et la protection de l'environnement, en particulier dans leurs opérations avec des sous-traitants et fournisseurs. Elles le font pour assumer leur responsabilité sociale, mais aussi pour améliorer leur image et limiter les risques de réactions négatives. Le *Livre vert de la Commission européenne* indique que les codes de conduite adoptés par les acteurs économiques ne se substituent pas aux législations nationales et internationales, mais qu'ils peuvent les compléter. L'adhésion aux principes directeurs de l'Organisation internationale du travail et de l'OCDE est présupposée.

Si de nombreuses entreprises internationales publient des rapports sur la responsabilité sociale concernant les thèmes liés à l'environnement, à la santé ou à la sécurité, d'autres aspects ne sont guère développés : gestion des ressources humaines, consultation du personnel, travail des enfants, droits de l'homme… Le *Livre vert* préconise une couverture plus complète de la comptabilité sociale, de la présentation des rapports sociaux et de l'audit social. Toutes les sociétés cotées en Bourse et comptant au moins 500 personnes sont invitées à publier des rapports « triple approche » annuels. Pour les labels sociaux fixant des garanties sur les normes de travail ou les modes d'approvisionnement, le *Livre vert* souligne les efforts faits soit par des acteurs individuels, soit par des secteurs d'activités ou par des ONG, mais estime qu'il est nécessaire d'améliorer leur efficacité en introduisant des mécanismes pour vérifier les valeurs éthiques affichées. Il note que l'investissement socialement responsable est un outil puissant de promotion de la responsabilité.

Cependant, ces instruments d'évaluation de l'ISR mériteraient d'être harmonisés afin de fournir un tableau plus clair de la situation. Certains projets existent tel le GRI *(Global Initiative Reporting)*, qui fonctionne comme un standard de référence pour les rapports de développement durable émis par les entreprises : il dresse en effet la liste des informations devant figurer dans tout rapport de cette nature. Ces dispositifs sont nécessaires, mais ils évoluent dans leurs formulations et leurs demandes (la deuxième version du GRI a été présentée en juin 2000).

NICOLE D'ALMEIDA

Pour une écologie industrielle

À côté du principe de précaution et du débat démocratique sur l'environnement, l'écologie industrielle représente en quelque sorte le troisième pilier du développement durable.

Comment la définir ? En premier lieu, elle signifie la volonté systématique de réduire les flux de matière et d'énergie, et de produire le minimum de déchets en valorisant les déchets comme des ressources. Plus précisément encore, l'écologie industrielle se donne pour programme de minimiser les dissipations de matière, de réduire au minimum les émissions de carbone et de « dématérialiser » l'économie.

On dira peut-être que le souci d'utiliser et de valoriser les déchets n'est pas nouveau. C'est exact, mais l'écologie industrielle commence vraiment quand ce souci devient systématique et que des mesures sont prises pour le rendre tel. Cet objectif est possible dans le cadre d'éco-parcs industriels ou de réseaux géographiquement plus étendus, où des déchets sont systématiquement utilisés comme ressources. Ainsi, sur la plate-forme portuaire de Kalundborg, près de Copenhague, cinq entreprises utilisent partiellement à titre de ressources, depuis de nombreuses années, leurs déchets. Des projets sont à l'étude en France (par exemple à Grande-Synthe, près de Dunkerque, mais un changement d'élus, donc une raison politique, a empêché jusqu'ici sa réalisation).

En un deuxième sens, l'écologie industrielle signifie un autre rapport aux produits : il ne s'agit plus d'abord de le posséder, mais d'insister sur son *usage.* On est ici dans le registre de la consommation durable. On opère un déplacement des industriels vers les citoyens, et on requiert l'adhésion de ces derniers. Il s'agit d'amener les industriels à louer plutôt qu'à vendre, autrement dit à modifier leurs intérêts : en tirant bénéfice non plus de la vente, mais de la location des biens qu'ils mettraient en circulation, ils seraient incités à les produire de telle sorte qu'ils soient modulables et les plus durables possible. Ils seraient encore enclins à réduire au minimum les frais de maintenance et à traiter les déchets à la source, afin d'éviter de la sorte le gaspillage massif. En d'autres termes encore, les industriels peuvent faire des profits sans que croissent de manière constante et irrationnelle les flux de matière et d'énergie (qui occasionnent la pollution terrestre). L'objectif est de disjoindre la croissance, celle d'une économie dématérialisée, de la pression exercée sur l'environnement.

Pourquoi la croissance des flux de matière et d'énergie est-elle « irrationnelle » ?, demandera-t-on. Il faut rappeler ici quelques chiffres (donnés par W. J. Stahel, un des grands promoteurs de ce type d'économie) : 93 % des ressources exploitées dans le monde ne sont jamais transformés en biens ou en produits vendus sur le marché ; 80 % des biens vendus sont jetés après une seule utilisation ; 99 % des ressources contenues dans les produits sont devenus déchets six mois après la vente du produit…

On peut concevoir l'écologie industrielle dans un troisième sens – qui demeure pour l'instant du ressort de l'« industrie-fiction », ou imaginée. Ce serait la mise en œuvre d'« écosystèmes industriels », c'est-à-dire d'associations complémentaires d'industries sur le modèle des écosystèmes naturels, où les flux de matière et d'énergie circuleraient pour ainsi dire en cycle fermé. Les « nanotechnologies » (technologies du « tout petit ») seraient appelées à jouer le rôle des bactéries et des facteurs de décomposition/recomposition qui sont présents dans les écosystèmes naturels. On tenterait au fond d'imiter les processus biochimiques du vivant – ce qui ne va pas sans risques et exige une grande vigilance. Mais l'idée de base est toujours d'éviter la destruction constante des ressources naturelles et leur remplacement par des machines et des techniques, et, à l'inverse, de préserver la biosphère qui nous accueille et nous fait vivre.

Il s'agit de sortir d'un mode de fonctionnement qui a caractérisé toute l'histoire de la société industrielle : utiliser les ressources jusqu'à l'épuisement, accumuler les déchets, détruire ainsi, progressivement, notre capital naturel, et ensuite se transformer en pompier pour éteindre les incendies qui ne cessent de s'allumer. Cette manière de travailler n'est plus tenable. L'écologie industrielle prône en fin de compte non seulement d'autres formes d'économies et d'autres comportements, mais aussi une autre éthique de la société, d'autres rapports avec le monde naturel et avec l'ensemble de la sphère du vivant.

DOMINIQUE BOURG

Bibliographie

BOURG, Dominique, avec ERKMAN, S., *Industrial Ecology : Perspectives and Futures*, Londres, Greenleaf Publishing, 2002.

BOURG, Dominique, « Le nouvel âge de l'écologie », *Le Débat*, janvier-février 2001.

ERKMAN S., *Vers une écologie industrielle*, Paris, Éd. de la Fondation Charles-Léopold-Mayer, 1998.

11. Quelle recherche en environnement ?

Ce qu'il faudrait faire

Agir pour l'environnement signifie avant tout changer certains comportements. Néanmoins, pour mieux gérer les relations de l'homme avec l'environnement, il est également indispensable d'anticiper les événements naturels et les conséquences directes ou indirectes des activités humaines, domaine où de nombreuses incertitudes demeurent. C'est précisément la fonction de la recherche scientifique que de répondre aux questions encore sans réponse. Encore faut-il qu'elle en ait les moyens. Malheureusement, face aux risques environnementaux, les intérêts économiques à court terme ou la conviction que les craintes sont exagérées priment le plus souvent. Qui plus est, la recherche en environnement n'échappe pas à la règle qui vaut pour toutes les disciplines scientifiques : elle ne peut progresser qu'à partir d'une recherche fondamentale de haut niveau.

L'inégale répartition du soutien à la recherche

La recherche est centrale pour ces questions de société que sont la santé de l'homme et son bien-être, ou encore pour un développement durable. Comme il s'agit de perspectives à long terme, le soutien public est primordial, et il doit correspondre aux besoins de la société. Cela suppose que la part du budget total de la recherche qui lui est consacrée ne soit pas déséquilibrée en faveur d'autres priorités scientifiques, à visées économiques plus immédiates. Aucune discipline scientifique ne peut s'approprier la recherche en environnement. Toutes les disciplines sont en effet concernées, des sciences de la Terre aux sciences de la vie, de la chimie aux sciences de l'homme et de la société, en passant par les sciences des matériaux et les nouvelles technologies.

Dans ce contexte, force est de constater que le soutien à la recherche a été inégalement réparti. Si la place de la France est éminente dans la reconstitution des climats passés et, d'une manière générale, pour l'approche physico-chimique de l'environnement, un énorme effort reste à faire ailleurs. Une grande priorité consisterait à développer les observatoires de l'environnement pour acquérir une meilleure surveillance quantitative des océans, des surfaces continentales, de l'atmosphère, des populations animales et végétales. Les méthodes utilisant les satellites doivent être combinées à des mesures au sol ou en mer. Cette surveillance ou cette reconstitution lorsqu'il s'agit d'événements passés ne suffisent pas pour comprendre le fonctionnement de notre planète et des êtres vivants qui la peuplent. D'autres outils doivent être mis en œuvre.

Pour mieux cerner le fonctionnement de l'atmosphère, par exemple, il est impératif d'améliorer la prévisibilité des modèles météorologiques, de mieux comprendre les relations entre ses composants chimiques ainsi que les processus conduisant à la pollution atmosphérique et les moyens de la limiter. Un important effort technologique doit être réalisé pour les industries de dépollution. La recherche sur les sources d'énergie alternatives ou complémentaires doit être renforcée.

L'étude des surfaces des continents apportera une meilleure connaissance du cycle de l'eau, des flux qui lui sont associés (gaz, sédiments...), de l'interaction entre les sols, l'atmosphère et la végétation. Les technologies de traitement des déchets devront aussi être développées et améliorées.

Pour les océans, il importe de mieux comprendre leur rôle dans la régulation du climat. Et afin de mieux gérer leurs ressources, une meilleure connaissance de leurs écosystèmes et de la réponse de ces écosystèmes aux variabilités naturelles et aux activités humaines est essentielle.

Portion congrue pour la faune et la flore

En fait, c'est principalement pour ce qui concerne la faune et la flore que le soutien à la recherche a été le plus réduit, pour ne pas dire souvent dérisoire. C'est bien un problème de soutien à la recherche qui est en cause ici : en effet, les chercheurs français ont acquis une place au premier plan international dans les quelques domaines où des moyens étaient disponibles (biomathématique, biologie évolutive, biologie en milieux extrêmes).

La faune et la flore, dans les milieux terrestres comme marins, constituent pourtant la base même des ressources renouvelables pour les générations futures. Les activités humaines ont un impact direct sur ces organismes vivants, à travers la dégradation des terres agricoles ainsi que la destruction et le morcellement des milieux naturels, et on doit s'attendre en outre à l'impact indirect que représentent les changements climatiques annoncés. Il s'agit par conséquent d'un enjeu majeur pour la recherche scientifique. En effet, comment en prévoir les conséquences et donc les anticiper sans une étude fonctionnelle des écosystèmes, des populations et des organismes individuels qu'ils contiennent ! Cela suppose qu'en complément des recherches menées sur les composantes physico-chimiques de l'environnement on puisse étudier les capacités d'adaptation des animaux et des végétaux aux changements induits par l'homme. Connaître ces capacités et leurs limites est indispensable tant les changements qu'introduit l'homme dans l'environnement se traduisent par des conditions extrêmes pour les organismes vivants ; en particulier, le changement peut être trop important et rapide pour qu'il puisse y avoir même un début d'adaptation. Cette connaissance est indispensable pour espérer préserver la biodiversité. Enfin, pour les produits des biotechnologies, comme les OGM, une attitude responsable exige que l'effort de recherche porte autant sur les risques éventuels que sur leur intérêt agronomique ou médical.

L'impact de l'homme sur l'environnement est essentiellement lié à ses activités industrielles et agricoles. C'est donc sur cet aspect que les recherches doivent principalement porter. En outre, elles doivent prendre en compte la façon dont les loisirs peuvent atteindre les populations animales et végétales. L'étude de l'influence du dérangement occasionné pour la faune sauvage par les loisirs en général et la chasse en particulier exige des études fondamentales sur la dynamique des populations animales et des facteurs qui les régulent (surface des territoires, échanges entre populations, succès de la reproduction…). Les notions de réserves naturelles et de parcs nationaux ou régionaux ont en effet montré leurs limites pour la préservation de la nature. Il s'agit désormais de mieux comprendre quelles nouvelles mesures doivent être envisagées, dans une concertation avec et entre les divers acteurs concernés. Il est d'ailleurs révélateur que dans le débat, souvent passionné, entre fédérations de chasse et associations de protection de la nature, tous s'accordent au moins sur un point : la quasi-absence de soutien public à la recherche de terrain sur la faune et sur la flore.

Ce triste constat ne se limite pas au territoire métropolitain. Les moyens alloués aux recherches sur la faune et la flore sont tout aussi dérisoires pour les départements et territoires d'outre-mer, pourtant d'une diversité biologique exceptionnelle. Que dire également des stations scientifiques dont la construction a été financée par la France en Afrique et dont le fonctionnement est essentiellement assuré grâce à des crédits venus des pays anglo-saxons, au bénéfice des chercheurs de ces pays ? Les recherches en environnement ne pourraient-elles pas être, comme les activités culturelles, une belle illustration de la francophonie ?

Agir pour l'environnement suppose par conséquent un effort de recherche moins inégalement réparti. Tout en renforçant la place déjà éminente de la France dans l'approche physico-chimique de l'environnement, un profond changement devrait s'opérer en sciences de la vie : les priorités ne peuvent plus se limiter au génome et aux enjeux biotechnologiques ! L'engagement des sciences de l'homme et de la société dans la recherche en environnement, qui est relativement récent, sera majeur pour cerner aussi les enjeux idéologiques et politiques, les conflits d'intérêts, pour animer les combats d'idées, ou encore pour repenser les perspectives dans le cadre des relations Nord-Sud, que les questions de l'environnement et du développement durable mettent en cause.

Cet important changement ne peut se traduire dans la seule action du ministère de l'Aménagement du territoire et de l'Environnement. Les ministères de la Recherche et des Affaires étrangères sont également concernés au premier chef.

YVON LE MAHO

En guise de conclusion

par Nicolas Hulot

De par mon métier, j'ai sillonné tous les océans et tous les continents, et j'ai eu la chance de visiter des sites parmi les plus magnifiques de la planète. Mais il arrive aussi, et de plus en plus souvent, que cette chance soit une malchance, car je suis témoin des dégradations infligées partout à la Terre, de la destruction souvent irréversible – et ignorée en Occident – de la faune et de la flore sauvages, des pollutions de toutes sortes qui atteignent désormais les contrées du monde les plus reculées.

Des exemples ? Récemment, de retour sur l'île de Bornéo, j'ai vu une des plus belles forêts tropicales humides de la Terre, encore intacte il y a une quinzaine d'années, quasiment anéantie, dévastée et saccagée jusqu'à la couche d'humus au nom de l'exploitation de quelques bois précieux. Les espèces tropicales rares, cet extraordinaire vivier de la biodiversité, seront remplacées par des plantations de palmeraies pour la fabrication d'huile végétale…

J'ai assisté là à une autre scène pathétique, typique des conséquences en chaîne de ces destructions : deux bébés orangs-outangs chassés de leur couvert forestier protecteur, agrippés l'un à l'autre, jetaient un regard terrifié vers leur mère qui venait de s'électrocuter sur une ligne électrique. Il y a quelques années encore, les orangs-outangs (les « hommes des bois » en malais) pouvaient traverser Bornéo du nord au sud sans quitter la forêt. Aujourd'hui, c'est devenu impossible, et ils sont confinés dans quelques îlots forestiers dispersés, cernés par des constructions ou des friches…

À des latitudes situées beaucoup plus au nord, la situation n'est guère meilleure. Au Canada, à l'embouchure du Saint-Laurent, quand un bélouga vient s'échouer sur la rive, les autorités le traitent comme un produit toxique. Des études ont montré que les ours polaires souffrent de troubles hormonaux, probablement dus à leur position en fin de chaîne alimentaire. Ces animaux vivent pourtant à des milliers de kilomètres de toute concentration humaine. Cela signifie que la moindre parcelle d'océan ou de terre ferme peut aujourd'hui être atteinte par les impacts des activités terrestres, et en particulier les émissions de gaz polluants, qui se fixent et se concentrent à tous les niveaux de la chaîne alimentaire.

Mais il n'est pas besoin d'aller si loin : les menaces sur la diversité des espèces, les pollutions liées aux transports ou à l'agriculture intensive, les catastrophes dues à l'absence de prévention ou de précaution, les désordres climatiques ne sont pas moindres en Europe et en France. Dans l'introduction, je faisais allusion à l'explosion de l'usine AZF de Toulouse. J'écris ces lignes de conclusion le lendemain de l'accident dans le tunnel du Gothard… Inutile de jouer au prophète de malheur : dans ce triste rôle, l'actualité, hélas ! suffit amplement.

C'est pourquoi le titre que nous avons choisi pour ce livre est amplement justifié : *Combien de catastrophes avant d'agir ?* C'est-à-dire avant que les politiques prennent leurs responsabilités et donnent enfin à la politique de l'environnement la place qui doit lui revenir. Et avant que nous-mêmes, citoyens, électeurs et consommateurs, sortions de notre insouciance pour conjurer les périls qui sont déjà en la demeure, qui ne peuvent que s'amplifier encore si nous persistons dans les errements écologiques actuels et qui préparent immanquablement, à nous et à nos descendants, une forte dégradation de nos conditions de vie : non pas la fin du monde, mais une « vie pourrie » sur une planète abîmée de manière irréversible.

Nous refusons donc, à l'égard des politiques, l'attitude si répandue du « il n'y a qu'à » : chacun de nous est un consommateur dont les comportements pèsent sur l'environnement – plus encore à un moment où nos modèles occidentaux de croissance et de consommation s'étendent à toutes les populations de la planète.

Pour autant, comme le rappelle constamment ce livre, les politiques ne sauraient être exonérés de leur responsabilité propre. Dans le domaine de l'environnement, ils n'ont pas encore fait et ils ne font pas ce qu'il faudrait faire. La politique est le lieu des décisions pour l'avenir. Dans la gestion gouvernementale en général, l'environnement n'a pas encore la place centrale qu'il devrait avoir. Dans les domaines « sensibles », où l'urgence devient pourtant extrême (biodiversité, transports – routier notamment –, océans et littoraux, pollution des sols et de l'eau douce par l'agriculture et l'élevage intensifs), la frilosité et le manque de courage des politiques sont évidents. Ceux qui sont aux affaires n'osent pas s'opposer, ou s'opposent très mollement, aux divers lobbies : ils sont souvent incapables de faire respecter tout simplement la loi.

C'est cela qui doit changer durant la présidence et la législature qui viennent. Des décisions immédiates sont à prendre : beaucoup sont indiquées dans les « urgences » traitées ci-dessus. Mais plus encore que ces mesures ponctuelles, il serait nécessaire de définir clairement des objectifs à cinq, dix, quinze ans, et de les faire réaliser sans atermoiements ni défaillance. La pédagogie à mettre en œuvre n'est pas celle du fait accompli, mais celle de réalisations qui *montrent* le bénéfice que tous les citoyens consommateurs peuvent en tirer pour leur santé, la qualité de leur vie personnelle et collective, la beauté de leurs villes et de leurs campagnes.

Voilà ce que nous attendons des politiques aujourd'hui. Et voilà pourquoi nous devons exiger des candidats à l'élection qu'ils disent clairement ce qu'ils veulent faire pour la sauvegarde de l'environnement et comment ils comptent tenir cet engagement.

La Fondation Nicolas Hulot

Créée en 1990, la Fondation Nicolas Hulot pour la Nature et l'Homme (FNH), est apolitique et non confessionnelle. Seule fondation française reconnue d'utilité publique à agir dans le domaine de l'éducation à l'environnement, elle est habilitée à recevoir des dons et legs.

Sa vocation

Former le public au respect de l'environnement.

Elle s'est donné pour mission de sensibiliser les jeunes et les adultes aux richesses et à la fragilité de notre patrimoine naturel et de soutenir les initiatives concrètes en faveur de l'environnement dans une démarche de développement durable.

Ses actions

Grâce à ses partenaires, notamment : EDF, L'Oréal, Monoprix et TF1, la Fondation soutient, recommande, encourage ou initie des milliers d'actions à partir :

– de campagnes de civisme qui mobilisent les énergies et offrent au public les clés pour agir, sur l'eau et ses milieux (SOS Planète Eau), sur l'éco-citoyenneté urbaine (Ma ville ça me regarde) ;

– d'informations scientifiques, pédagogiques et ludiques sur l'environnement présentées sur son site Internet : www.fnh.org ;

– des programmes éducatifs à bord de son bateau *(Fleur de Lampaul)* et de son bus ;

– d'un programme de développement durable dans plusieurs pays ;

– d'une École Nicolas Hulot pour la nature et l'homme (ouverture fin 2002) pour sensibiliser chacun aux enjeux de la biodiversité ;

– de ses réseaux d'acteurs-relais et de clubs FNH qui agissent concrètement, à titre individuel ou collectif, en faveur de leur environnement local.

Ses experts

Ses actions s'appuient sur un Comité scientifique et pédagogique et un Comité de veille écologique. La Fondation est membre de l'UICN (Union mondiale pour la nature) et a le statut d'ONG auprès de l'ONU.

POUR EN SAVOIR PLUS : www.fnh.org
Fondation Nicolas Hulot pour la Nature et l'Homme
52, boulevard Malesherbes – 75008 Paris
Tél. : 01 44 90 83 00 – Fax : 01 44 90 83 19 – E-mail : fnh@fnh.org

RÉALISATION : PAO ÉDITIONS DU SEUIL
REPRODUIT ET ACHEVÉ D'IMPRIMER SUR ROTO-PAGE
PAR L'IMPRIMERIE FLOCH À MAYENNE (03-02)
DÉPÔT LÉGAL : FÉVRIER 2002. N° 53118-2 (53850)